LA POLITIQUE NATIONALE ET LE DROIT DES GENS

PAR

M. LE MARQUIS DE LA ROCHEJAQUELEIN

SÉNATEUR

> Si la justice et la bonne foi étaient bannies du reste du monde, il faudrait encore qu'on retrouvât ces vertus dans la bouche et dans le cœur des Rois.
>
> *Le Roi* JEAN.

Deuxième édition.

PARIS
E. DENTU, LIBRAIRE-ÉDITEUR
PALAIS ROYAL, 13, GALERIE D'ORLÉANS

1860

LA

POLITIQUE NATIONALE

ET

LE DROIT DES GENS

> Si la justice et la bonne foi étaient bannies du reste du monde, il faudrait encore qu'on retrouvât ces vertus dans la bouche et dans le cœur des Rois.
>
> *Le Roi* JEAN.

Deux motifs me font une obligation de publier cette Brochure. — N'ayant pas toujours envisagé la question italienne de la même manière, j'en veux dire les causes. Je dois enfin contester la proclamation d'un prétendu *droit nouveau*, réduit par les plus timides au droit que, selon eux, doivent exercer tous les peuples, toutes les générations, en changeant, par le suffrage universel, leurs gouvernements.

J'ai assez marqué, j'ai assez souffert, dans ma vie politique, pour la défense du suffrage universel, et par l'appel à *la nation*, que j'ai réclamé, pour avoir le droit et le devoir de m'expliquer complétement, franchement, sans aucune réticence; pour ne pas être confondu avec les révolutionnaires d'intention ou de consentement, qui érigent le suffrage universel en principe, dans un tout autre sens que celui qui me l'a fait invoquer et défendre.

Je dirai ce que je pense sur les événements d'Italie, sur la politique qui, selon moi, convient à la France.

Je crois être certain que personne ne se méprendra sur mes intentions. Ce n'est pas en ennemi du gouvernement que je parle, personne ne m'en accusera.

Je suis catholique, mais je ne veux pas rapetisser ce grand nom en le réduisant à la taille d'un parti quelconque. Je tiens à le garder avec son acception d'universalité dans le monde, et je veux, avec mon vieux catéchisme, le conserver complet dans les termes de mon baptême, c'est-à-dire : *Catholique, Apostolique, Romain.*

Je dois écrire sans aucune préoccupation des intentions qui me seraient prêtées en dehors de mes devoirs ; je puise assez de force dans ma conscience pour être sûr que j'aurais le droit de dédaigner tout ce qui pourrait porter atteinte à ma parfaite sincérité.

Cela dit, je procéderai dans l'ordre que j'ai indiqué.

Je reproduirai en appendice :

Ma lettre à l'*Opinion nationale*, du 7 novembre 1859 ;

Le discours que j'ai prononcé comme président du Conseil général, au mois d'août de cette année 1860;

Enfin, ma lettre à Mgr l'Évêque de Poitiers, en date du 16 octobre dernier.

§ Ier.

J'ai dit, dans une publication intitulée : *La Suspension d'armes*, quels étaient, à mes yeux, les torts de la politique romaine vis-à-vis du gouvernement français. L'Autriche dominait, régnait, gouvernait à Rome, tandis que, par notre occupation, nous sauvegardions la personne sacrée du Pape. Les accusations sont formulées dans trop d'écrits, pour que, dans un pareil moment, je cherche à aggraver la position du gouvernement du Saint-Père. La question religieuse est trop sérieusement en jeu, la politique nationale de la France en Italie est trop compromise, pour que les torts du gouvernement du cardinal Antonelli ou de M. de Mérode puissent justifier ce qui se passe.

La politique d'un ministre en présence d'intérêts permanents aussi élevés que ceux qui nous occupent, ne doit pas amener des résolutions extrêmes ou des abandons dont les conséquences seraient de rompre toutes les traditions et tous les devoirs qui se rattachent à des questions de premier ordre. Cependant, je dois en dire quelques mots, pour faire comprendre les impressions sous lesquelles j'étais en publiant la lettre du 7 novembre.

Il serait hors de propos d'attaquer ici l'administration romaine. Que n'en a-t-on pas dit de trop vrai et de trop exagéré. Les bonnes intentions ne peuvent être mises en doute de la part de Pie IX.

Des abus, il y en avait, il y en a en grand nombre. Quelle

nation a le bonheur d'en être exempte? Le gouvernement français, après comme avant le Congrès, a maintes fois fait des observations, aucunes n'ont été écoutées. — Certes, le Pape avait bien le droit d'exercer dans ses Etats la puissance souveraine comme il l'entendait, mais la France avait aussi le droit et le devoir de demander qu'il lui fût permis, par les apaisements d'opinions qu'elle sollicitait, de retirer ses troupes de Rome dont l'occupation est pour nous une charge et un embarras politique de tous les instants.

Les mœurs, les habitudes romaines ne sont pas les nôtres ; les hommes ne se ressemblent pas plus que les peuples. Les étrangers sont plus frappés du mal que du bien, là surtout où, dans notre imagination, tout devrait être mieux qu'ailleurs. Il y a de grands vices et de grandes vertus à Rome, mais la forme cléricale du gouvernement romain ne va pas à notre caractère.—Est-il étonnant que la plupart des étrangers qui voyaient Rome et Naples il y a peu d'années, revinssent avec de vives impressions sur l'état intérieur de ces gouvernements? Est-il étonnant que les hommes politiques fussent affectés du mauvais vouloir envers la France et de cette volonté de ne faire aucune réforme intérieure, non pas par ignorance du mal existant, mais précisément parce que la France insistait sur ses demandes que, par un sentiment de dignité bien mal comprise, l'on n'a voulu satisfaire sur aucun point.

Le gouvernement français soutient que si des assurances de bon vouloir ont été publiées, elles ont toujours été subordonnées à des exigences impossibles à satisfaire. Si la France était de bonne foi, le Piémont nous a révélé que toutes les concessions n'auraient pas été acceptées par la révolution comme suffisantes. Pour elle, ces concessions n'étaient que des prétextes ou des causes d'affaiblissement très-bien imaginées contre les souverains de qui on les exigeait.

Rome et Naples étaient en parfait accord.

A quoi attribuer une pareille hostilité ? était-ce l'origine du pouvoir impérial qui pouvait la déterminer ? A Rome, il n'y avait pas de motifs, car le régime de Juillet était en bons rapports avec la Papauté, et certes son origine était bien plus opposée aux principes monarchiques, les idées de cette époque étaient bien plus dangereuses pour le catholicisme que le gouvernement nouveau qui, s'appuyant sur les idées conservatrices et religieuses, donnait des gages nombreux de son désir d'être sérieusement catholique.

La Cour de Naples, aussi indifférente à l'origine de l'Empire qu'à celle du gouvernement des barricades, n'était pas même émue par les liens de famille qui l'unissaient aux deux branches de la maison de Bourbon. Elle n'était qu'un instrument entre les mains de l'Autriche jusqu'au jour où, dans le congrès de Paris, Rome et Naples ressentirent amèrement le coup qui leur était porté.

Jamais on n'avait vu encore dans un congrès, condamner la politique intérieure de gouvernements qui n'y étaient pas représentés. C'était les mettre au ban de l'Europe et du monde entier. Politiquement, ce fut une faute et une atteinte aux rapports internationaux admis de tout temps dans la diplomatie.

Cependant, il faut le dire, la France redoutait alors singulièrement les mouvements révolutionnaires qui pouvaient d'un moment à l'autre soulever l'Italie ; elle espérait que l'influence morale d'un congrès agirait plus efficacement que les nombreux avis donnés officieusement aux deux gouvernements de la péninsule méridionale.

Rome ne pouvait pas accorder toutes les réformes qui lui étaient demandées : — la question politique et la question religieuse sont tellement liées, leur corrélation est si intime dans tout ce qui tient aux événements du monde par le double caractère spirituel et temporel du Pontife-Roi, que le Pape ne peut pas administrer ses Etats en faisant à l'esprit de notre temps certaines concessions, que nous pouvons faire nous, gouvernements civils, mais qui *toutes* ne sont pas tellement indispensables au bonheur d'une nation, qu'elle ne puisse pas être heureuse sans en jouir.

Il serait cependant très-possible de concilier le gouvernement temporel du pape avec les idées religieuses, dans tout ce qui n'est pas condamné par la loi catholique.

Et en cela je suis d'accord avec l'Empereur, qui, dans sa réponse au cardinal-archevêque de Bordeaux, le 11 octobre 1859, disait :

« Je vous remercie d'avoir rappelé mes paroles, car j'ai le « ferme espoir qu'une nouvelle ère de gloire s'élèvera pour l'É- « glise le jour où tout le monde partagera ma conviction, que « le pouvoir temporel du Saint-Père n'est pas opposé à la li- « berté et à l'indépendance de l'Italie. »

A Naples, par la reine, veuve aujourd'hui, l'Autriche était toute-puissante. Les efforts de la diplomatie napolitaine tendaient à se rapprocher de l'Angleterre en laissant la France en dehors. Naples ne faisait aucun cas des recommandations de la France ; elle n'était pas même reconnaissante de la loyauté d'un gouvernement qui, à plusieurs reprises, sauva la vie de son roi, en empêchant des assassins de renouveler la tentative de Milano.

Le feu roi de Naples avait un but, sinon le *rôle* de montrer au monde et à l'Italie en particulier, le peu de cas que l'on devait faire de l'amitié ou de la froideur de la France, puisque lui, souverain de troisième ordre, pouvait tenir en échec une aussi grande puissance.

L'effet produit en Italie contre notre influence était incontestable. Il est facile, du reste, de s'en rendre compte, par l'impression que faisait, en Europe, l'espèce de défi du roi de Naples, admiré par les uns, indignant le plus grand nombre.

Certainement si la France avait envoyé quelques frégates avec l'ordre d'appuyer à coups de canon un *ultimatum* quelconque, elles n'auraient pas eu à tirer une seconde bordée. Le roi de Naples eût tout cédé.

Mais on lui promettait l'appui des puissances du Nord ; il savait que la France et l'Angleterre n'agiraient pas d'accord ou même isolément contre lui, pour éviter de se quereller après. Cette situation lui donnait une confiance dont il se targuait sans mesure. Le *Muratisme* était son cauchemar affecté ; il en parlait sans cesse, et, au fond, il n'en avait nul souci, car il n'ignorait pas que l'Empereur en repoussait la pensée.

A la mort du roi, les bonnes relations avaient été reprises entre Naples, la France et l'Angleterre. Jeune, élevé loin de toute communication avec le monde, avec les idées de son temps, le nouveau roi, avant de changer la politique de son père, avait tout à apprendre. Il n'a fait aucun mal jusqu'au jour où il a été attaqué par Garibaldi. Il est rendu responsable de fautes qui ne lui appartiennent pas.

Et cependant la guerre d'Italie a lieu, le Pape est respecté, Naples n'a pas été inquiété. Après la paix recommence à se manifester l'action révolutionnaire du Piémont qui, malgré les stipulations de Villafranca et de Zurich, veut s'emparer de Parme, de Modène, de la Toscane et enfin des Romagnes.

La France désapprouve hautement une telle conduite, l'Empereur lui-même le constate dans une lettre insérée au *Moniteur*. Le Piémont ne s'arrête pas ; il passe outre, *sous la protection de notre armée d'occupation ;* car il sait bien que nous ne pouvons pas nous battre contre les Italiens auxquels nous venons de porter le secours de nos armes, et que nous ne pouvons pas permettre à l'Autriche de défaire notre œuvre scellée par tant de sang et par tant de sacrifices.

L'abus de la position faite à la France par les événements, ne pouvait pas être plus habile ; mais c'était un manque de foi et de la plus simple reconnaissance envers elle, que de vouloir l'engager contre elle et malgré elle, dans une politique qu'elle condamnait.

Le Piémont s'appuyait sur les populations des duchés révolutionnés par ses innombrables agents ; il reprochait aux petits souverains de ces petits Etats de s'être trop solidarisés avec l'Autriche. Parme aurait peut-être trouvé grâce ; la bonté et le caractère élevé de la duchesse régnante, l'innocence d'un enfant couronné, ne pouvaient soulever de haines; mais le Piémont n'y eût pas trouvé son compte; il avait besoin de s'emparer des Etats de Parme, qui ne pouvaient rester enclavés entre le nouveau royaume piémontais-lombard et les duchés de Toscane et de Modène.

Les Romagnes, si elles étaient restées romaines, laissaient subsister la juxta-position de l'Autriche et des Etats du Pape par la Vénétie. Toute la partie de l'Italie comprise entre le Pô et l'extrémité de la Toscane d'une part et l'extrémité des Romagnes de l'autre, se trouvait partagée en deux, par une ligne médiane qui laissait les rives méditerranéennes au Piémont et les rives adriatiques au Saint-Siége et à la merci de l'Autriche. L'annexion des duchés rendait impossible que les Romagnes pussent être gouvernées par Rome quand elles étaient aussi étroitement unies au Piémont dans toute leur étendue. Stratégiquement, le Piémont ne pouvait pas défendre ses nouvelles possessions contre une attaque de l'Autriche, surtout si, comme on peut le supposer, Rome, usant de son droit, avait été forcée de continuer à faire occuper les Romagnes par les troupes autrichiennes, ce qu'elle a fait presque sans discontinuer depuis 1815.

Telles étaient les conséquences de la politique machiavélique du cabinet de Turin et de la violation du traité de Villafranca par l'une des parties contractantes.

Il faut bien le dire : la paix de Villafranca avait été si prompte, que le programme de l'Empereur n'avait été rempli qu'en partie. — Les Italiens manifestèrent un grand mécontentement de ce que l'on n'eût pas fait pour eux tout ce qu'ils avaient espéré; sous la pression du Piémont, les duchés et les Romagnes, votèrent donc leur union au sceptre du roi Victor-Emmanuel. — Un pareil résultat de la signature de la paix avait-il bien été prévu par les Empereurs quand ils avaient formulé la garantie de non-intervention ? On doit supposer que *non*, en se reportant aux déclarations publiques faites par la France et aux missions extraordinaires envoyées par elle en Toscane et dans les Romagnes pour les engager à ne pas prononcer leur annexion.

Les conseils, les déclarations publiques de la France, devaient être sincères (1), elle ne voulait pas reprendre les armes après Villafranca. Cependant il est impossible de le nier, l'attitude de la France vis-à-vis de l'Autriche à qui elle disait : Vous n'in-

(1) Réponse de l'Empereur, le 1er janvier 1860, au corps diplomatique :
« J'ai toujours professé le plus grand respect pour les droits reconnus. »

Dépêches de M. Thouvenel, ministre des affaires étrangères, à M. le baron de Talleyrand, ministre à Turin, et à M. le comte de Persigny, ambassadeur à Londres.

24 février 1860.

terviendrez pas ; — vis-à-vis des Italiens à qui elle disait : Nous vous blâmons, mais nous vous défendrons si l'on vous attaque, rendait la conduite du Piémont très-facile, — il ne courait que le risque de nous déplaire sans perdre notre amitié et notre appui. Il en a largement abusé.

L'Empereur propose au Saint-Père de lui garantir les Etats qui lui restaient, s'il voulait consentir à abandonner *les Romagnes* qui, il faut le répéter encore, ne pouvaient en aucune façon rester au Saint-Siége du moment où les duchés étaient annexés au Piémont. En saine morale, rien n'était plus juste que la revendication de ses droits par le Pape. En fait, pour les faire reconnaître et maintenir, nous aurions dû occuper pour le Pape les Romagnes depuis *Ferrare* jusqu'à la Cattolica, c'est-à-dire nous substituer à l'Autriche, ou bien lui permettre d'occuper de nouveau ses anciennes positions. C'était donner un tel démenti à la guerre qui venait de se terminer, que l'on ne pouvait y consentir, — le Pape ne pouvait pas exercer son autorité sur cette partie de ses Etats, éloignée de Rome et confondue, pour ainsi dire, avec les duchés, dont le Piémont s'emparait ; — que fallait-il faire? Cette question, que je me suis posée bien des fois, m'a toujours paru insoluble, la situation étant donnée, et c'est la carte à la main que seulement elle peut être appréciée.

L'annexion des Romagnes était donc le corollaire obligé de l'annexion des duchés, tant que la Vénétie appartiendrait à l'Autriche. Il ne faut pas se faire d'illusions, il en serait ainsi quand bien même des traités assureraient l'indépendance de la Vénétie, tant que les duchés appartiendront au Piémont ; car l'action de Rome ne pouvant utilement s'exercer sur les Romagnes, les occupât-on militairement et pendant de longues années, rien ne les empêcherait de se fondre tôt ou tard dans le gouvernement italien qui les avoisinerait.

L'empereur Napoléon, qui connaît parfaitement l'Italie, jugeait cette question, si difficile, comme elle devait être jugée ; seulement, lorsqu'il faisait au Saint-Père la proposition d'abandonner ses droits sur les Romagnes, quand on connaît Rome, on ne s'étonne pas de la résistance qui lui fut opposée.

Le Pape ne voulait pas admettre qu'un pareil sacrifice lui fût imposé pour sanctionner la révolte d'une partie de ses sujets. Il eût donné un exemple fatal aux autres nations. Il se croyait, du reste, engagé par sa conscience à ne rien céder, du moins de son consentement, des États qui lui venaient de son prédécesseur.

En principe, le Pape était incontestablement dans son droit. En fait, en acceptant les propositions de l'Empereur, il arrêtait les progrès de la révolution italienne, car la garantie par la France et par les autres grandes puissances qui adhéreraient à ses propositions, sauvegardait toutes les possessions de Rome pendant de longues années; et qui sait, en effet, l'avenir de la révolution italienne, quelles seront ses phases diverses! le dernier mot même pour les Romagnes n'est peut-être pas encore dit.

Il eût été désirable, il eût été incontestablement plus habile, non pas de renoncer aux Romagnes dans les termes absolus de l'abandon fait de la Lombardie par l'empereur d'Autriche, mais de constater par une déclaration bien formulée qu'il y avait des abandons que la force pouvait exiger de la faiblesse sans que les droits fussent abandonnés en principe. Que pouvait-on demander de plus à Rome qui, certes, ne pouvait se montrer satisfaite.

La chancellerie romaine est assez habile dans ses formes diplomatiques pour n'avoir pas été embarrassée de formuler son abandon et ses réserves.

La France, qui ne cherchait qu'à sortir d'une situation de plus en plus compliquée qu'elle n'avait pas prévue, n'eût pas poussé ses exigences bien loin; — elle fut repoussée avec toute la hauteur du droit outragé.

C'était méconnaître des intentions favorables, c'était tout au moins manquer d'habileté; car en supposant des défiances à la cour de Rome dont la diplomatie est si craintive, l'acceptation des propositions de l'Empereur engageait la France et l'Europe contre la révolution dont nous voyons aujourd'hui les développements.

La cession de Nice et de la Savoie nous rendit moins scrupuleux sur les actes du Piémont. Cet entraînement se comprend, je l'ai suivi, j'en conviens.

A cette époque commença l'agitation universelle qui, de Rome, rayonnant dans le monde entier, amena les protestations les plus énergiques, les plus éloquentes, en faveur des droits du Pontife-Roi.

Les allusions politiques contraires au gouvernement de l'Empereur, attaquant sa bonne foi, furent prodiguées outre mesure. Ce ne fut pas de la part d'un certain nombre d'évêques que vinrent les protestations les plus vives : la presse laïque formula ses anathèmes religieux et politiques avec une telle âpreté; les athlètes les plus vigoureux des différents partis politiques hostiles au gouvernement, se prononcèrent avec un tel ensemble; que beaucoup d'hommes sincères et les populations presqu'entières crurent à un mouvement politique de *coalition* intérieure plutôt qu'à un mouvement religieux. L'effet fut contraire à ce que l'on espérait. L'agitation se produisit bien plus redoutable chez les ennemis de la papauté et contre elle.

Ce fut à cette époque, que, blessé par des articles incessants qui représentaient la Vendée et la Bretagne comme un foyer de conspiration politique, prenant pour prétexte la question des Romagnes, j'écrivis la lettre du 7 novembre 1859. Elle était la vérité alors, car peu de personnes croyaient possible ce qui arrive aujourd'hui. D'une part, le refus fait par Rome d'écouter aucun conseil avant que les Romagnes ne lui fussent assurées (sans qu'aucun moyen pratique d'arriver à ce résultat fût présenté); de l'autre, les échos politiques discordants qui arrivaient de toutes parts, devaient produire une grande défiance, et d'autant plus que l'Empereur, depuis son avénement au trône, avait donné trop de gages à la religion pour que l'on fût disposé à l'accuser de manquer volontairement à ce qui avait fait son honneur, sa force et sa gloire.

Enfin, d'une part, les abus incontestables de l'administration romaine, sa politique hostile à la France, malhabile dans ces derniers temps, compromettante par les agitations qu'elle suscitait; de l'autre, une appréciation dévouée, confiante dans la politique impériale, qui nous rendait une partie de nos frontières; tous ces motifs m'avaient déterminé à écrire la lettre que je n'écrirais plus aujourd'hui, et voici pourquoi :

§ II.

Lorsque l'Empereur fit au Saint-Père la proposition de garantir ses États en échange de l'abandon des Romagnes, il avait sans doute de puissants motifs politiques pour prendre une telle résolution. Il s'engageait, en cas d'acceptation, à combattre toute tentative contre les États du Saint-Siége, vînt-elle de la révolution ou du Piémont, ce qui est la même chose aujourd'hui, depuis que le roi Victor-Emmanuel a publiquement avoué que Garibaldi n'agissait que d'accord avec lui.

Les raisons d'État qui déterminaient l'Empereur à faire de pareilles propositions étaient de deux natures : elles étaient politiques et religieuses. Ce n'est pas sans un légitime orgueil que tous nos souverains de France se sont appelés *Fils aînés de l'Église* et *rois très-chrétiens*. L'Empereur Napoléon Ier, pour l'avoir oublié avec trop de colère, s'en est souvent repenti ; il l'a noblement confessé.

Le refus du Saint-Père changeait-il donc l'importance si grave des propositions qui lui étaient faites? Les conséquences politiques et religieuses de l'envahissement des États romains étaient-elles changées par ce refus? Il est impossible de l'apercevoir.

Pourquoi donc le gouvernement impérial, convaincu qu'il fallait laisser les Romagnes au Piémont, convaincu de la nécessité de conserver le pouvoir temporel du Pape, n'a-t-il pas fait une déclaration par laquelle, reconnaissant l'annexion des Romagnes au Piémont, il prenait la garantie des possessions romaines, en appelant à la même garantie toutes les puissances qui voudraient y adhérer? — La situation devenait bien nette alors, et nous n'aurions plus aujourd'hui à interpréter les intentions de notre gouvernement; les intérêts politiques et religieux de la France étaient sauvegardés; — l'Italie était indépendante; — le programme de l'Empereur était rempli; — la politique loyale de la France n'était pas obscurcie par la déloyauté de la conduite du Piémont.

Malheureusement, il n'en a pas été ainsi.

Plus tard, avant la nouvelle invasion du Piémont dans les États du Pape, quand nous demandions à la France de déclarer qu'elle ne permettrait pas une telle atteinte au droit des gens, les assurances les plus formelles étaient données par la France, et par le Piémont lui-même, qu'une pareille violation ne pouvait pas même se supposer. — Le roi Victor-Emmanuel protestait hautement de son dévouement et de son respect pour le Saint-Siége; il s'offensait des soupçons qui pouvaient l'atteindre. Il semblait que l'ambition du roi Victor-Emmanuel devait être satisfaite et que la France avait été assez prodigue envers lui.

Cependant Garibaldi, à la tête de douze cents hommes, part de Gênes et va porter l'insurrection en Sicile, où elle n'existait pas avant lui. — La France proteste, le Piémont proteste. Ses déclarations sont positives : des bâtiments de l'État sarde sont officiellement envoyés à la poursuite des aventuriers. — C'est une conspiration, suivant M. de Cavour, contre laquelle son gouvernement lui-même a à se défendre.

On sait quels furent les succès de Garibaldi; on sait quelles furent les trahisons qui lui rendirent sa tâche plus facile. — Mais ce que l'on sait aussi, et ce qui sera l'éternelle honte du gouvernement piémontais, c'est que, depuis son départ de Gênes, Garibaldi, désavoué publiquement, reçut de jour en jour des troupes, des armes, des munitions, de l'argent, de ce gouvernement qui le désavouait, et, ce qui ne peut se concevoir, c'est le silence, l'inaction des gouvernements de l'Europe, le nôtre compris, en présence d'une expédition pareille, qui constituait la plus grande violation du droit des gens, et la reconnaissance d'*un droit nouveau*, le droit de la *révolution universelle*, d'aller, par ses affidés de toutes les nations, porter ses armes contre une puissance reconnue, alliée, en bons rapports avec tous les souverains de l'Europe ! — La solidarité des souverains pour le maintien du *droit des gens*, qui constitue dans l'univers la garantie de toutes les nations, faisait place à la *solidarité des révolutionnaires* du monde entier.

Et que l'on ne dise pas que ce sont des Italiens, faisant les affaires de l'Italie, qui ont composé l'armée révolutionnaire. Ce serait un mensonge contre lequel proteste le bon sens public, qu'il approuve ou non une pareille expédition.

La révolution universelle est maintenant à l'état de puissance reconnue : elle a ses affidés, ses sociétés secrètes; elle a le droit *d'intervention partout;* les souverains de l'Europe n'ont pas à prétendre au même droit; seuls, les *Etats-Unis* se sont crus obligés de faire arrêter l'aventurier Walker qui a fini par être pendu.

Nous sommes en progrès. — Les révolutions successives dont l'Angleterre a donné le premier exemple, avaient presque fait accepter *ce nouveau principe de droit public* : « Que les peuples qui se révoltent contre leurs gouvernements doivent être abandonnés à eux-mêmes, sans que les autres peuples aient le droit d'intervention. »

C'était déjà aller bien loin, car les rapports internationaux peuvent être tels qu'une nation soit sérieusement menacée si telle autre nation fait chez elle une révolution. — Mais enfin, on n'en était pas rendu au point où nous sommes aujourd'hui et qu'il faut formuler pour ne laisser aucun doute dans les esprits :

« Partout où un gouvernement mauvais existera, le gouvernement de la révolution universelle aura le droit de l'attaquer, de le renverser, d'en substituer un autre à sa place. » Les termes sont clairs, précis, nous venons d'en voir l'application.

Quel est ce gouvernement, dira-t-on ? où sont ses États ? où sont ses armées, où sont ses flottes ?

Ses Etats, ils sont partout ; ses armées, elles sont italiennes, françaises, hongroises, anglaises, allemandes, grecques, américaines ; elles sont de tous les pays du monde.

Ses flottes ? elles sont fournies par le Piémont, par l'Angleterre, par les États-Unis, par les trahisons ; demain elles seraient fournies par d'autres puissances, le principe une fois accepté.

Ses finances? elles viendront de partout. — La révolution est le premier crédit du monde. — Elle donne pour gage les États qu'elle veut conquérir ; elle donne pour garantie des paroles de Roi. — Elle a ses ministres, elle a ses ambassadeurs, — ils communiquent avec les puissances, ils traitent avec elles.

Est-ce bien l'histoire de ce qui vient de se passer sous nos yeux ? Le précédent restera et portera des fruits bien amers pour les peuples et pour les rois.

Aujourd'hui la révolution n'a pas travaillé en Italie pour son propre compte, elle a travaillé pour le compte d'un roi !

Garibaldi, Medici, de Flotte, Bixio, Turr et tant d'autres

champions de la révolution, vous avez combattu pour une cause qui n'est pas la vôtre. — Ah! quand vous combattiez pour l'indépendance de l'Italie, nous applaudissions à vos efforts et nous cherchions à oublier le passé de quelques-uns de vous qui aviez porté les armes contre la France ; — mais, avouez-le, vos victoires en Sicile, à Naples, doivent blesser les sentiments généreux que l'on vous attribue. Vous savez bien maintenant que vos succès sont dus presqu'en entier aux plus lâches trahisons de famille et de courtisans d'un pauvre jeune roi sans expérience; à la démoralisation des peuples que vous vouliez rendre libres, et que vous n'avez, en définitive, combattu que pour l'ambition d'un roi dont la reconnaissance sera à la hauteur de sa parole. — Vous avez fait votre métier de révolutionnaires ; vous avez tenu votre drapeau haut et ferme, mais vous avez pris pour cri de guerre *Unité* et *Victor-Emmanuel.* Ce nom de roi vous a fait réussir ; sans lui ces peuples monarchiques ne se seraient pas laissé conquérir.

La conquête est faite ! Serez-vous les *soldats du Roi d'Italie*, en perdant votre titre de révolutionnaires ? Vous saurez bientôt si l'on veut de vous et quelle reconnaissance vous attend !

Ah ! bientôt encore, si vos armes ne se retournent pas contre le nouveau roi que vous avez fait, vous voudrez courir à de nouveaux combats pour rendre libres les nations diverses auxquelles vous appartenez. — Etes-vous devenus les soldats de la monarchie universelle sous le sceptre de l'ancien duc de Savoie ? Resterez-vous la révolution ou devenez-vous la monarchie ? mais la monarchie, ambitieuse, conquérante, s'appuyant sur des droits et sur des principes révolutionnaires, aboutissant forcément, logiquement, au despotisme le plus brutal ou à l'anarchie dont vous deviendrez les fauteurs plutôt que de perdre la liberté comme vous la comprenez.

Vous allez en avant aujourd'hui, sans vous préoccuper de l'avenir. Le jour des illusions détruites se lèvera pour vous. Le jour de la justice se lèvera pour d'autres, car vous n'êtes pas les plus coupables.

Les trahisons de famille, des trahisons de tous genres, rendaient la révolution maîtresse de la Sicile et de Naples ; Garibaldi proclamait Victor-Emmanuel roi d'Italie. Il hésitait encore à faire l'annexion de ses conquêtes.

Victor-Emmanuel était roi du Nord de l'Italie ; il n'était roi des Deux-Siciles que de nom. — Il fallait en finir. Le masque était trop transparent, il devait tomber avec éclat. Garibaldi, dictateur, *chef de la révolution* universelle, était dans son rôle. Il n'a pas craint, même, d'honorer la mémoire de Milano, ce caporal calabrais qui donna, dans une revue, un coup de baïonnette au roi Ferdinand II, qu'il avait juré d'assassiner. Milano a été réhabilité par Garibaldi, l'ami, le confident, l'exécuteur des pensées du roi Victor-Emmanuel.

Pourquoi s'en étonner? Mazzini est la grande figure qui se tient dans l'ombre aujourd'hui, et c'est entre ses mains que doivent tomber ces couronnes, trop lourdes pour la tête de ce roi.

Victor-Emmanuel sera puni comme il mérite de l'être. Son tour est arrivé de montrer ce dont il est capable.

Son jeune parent, le roi de Naples, éclairé par les événements, par de sages et trop tardifs conseils, ne donne pas seulement des réformes, il accorde à ses sujets la constitution la plus libérale. Il identifie sa cause dans la question italienne avec celle de son cousin, le roi de Piémont. Il envoie ses ambassadeurs à Turin; il se confie pleinement à sa loyauté. Sa mère, cette vertueuse reine que Naples tout entière vénère comme une sainte, était de la maison de Savoie. — Une pareille démarche fit en Europe la sensation qu'elle devait produire.

Le roi de Piémont, si brave sur les champs de bataille, aurait dû être profondément touché de cette marque de confiance de son jeune parent. Aucun grief personnel ou politique ne les séparait. — L'occasion était heureuse pour mériter le titre *de galant homme* que lui prodigue la révolution. Ce roi dédaigne et méprise, dit-on, la diplomatie; les journaux italiens et français le répètent chaque jour, — et cependant, il reçoit à merveille les envoyés du roi de Naples, il les encourage dans leurs espérances; seulement, il ne peut pas associer sa fortune à celle de Naples.

Si les exigences parlementaires du Piémont ne permettent pas au roi d'accepter la solidarité qui lui est proposée, rien ne peut faire présager la conduite qui sera tenue quelques jours plus tard.

Garibaldi était à Naples; le roi s'était retiré à Gaëte, sans défendre sa capitale. Ses troupes étaient généralement fidèles; sa flotte entière avait trahi ses serments. C'était à Capoue que le roi François II devait se souvenir qu'il était roi, c'est là qu'il devait faire ses premières armes en se montrant aussi intrépide que les meilleurs soldats. Il était trop tard?

Non, il n'est jamais trop tard de se montrer roi!

François II, à la tête de son armée, était encore sur son trône; il avait devant lui des aventuriers étrangers. Voici ce que l'un de nos braves officiers de la flotte française devant Naples écrivait : « *Nous avons assisté non pas à une révolution, mais à une véritable invasion d'hommes de tous les pays, parmi lesquels nous avons pu compter un bien petit nombre de sujets napolitains.* »

Victor-Emmanuel n'hésite plus. En vain le cabinet des Tuileries, l'Empereur lui-même, correspondant directement, lui avait signifié qu'il eût à respecter les Etats qui restaient au Souverain-Pontife; les menaces même ne lui avaient pas été épargnées. — Il savait que l'Empereur faisait le voyage de l'Algérie; il savait, comme l'a dit le *Moniteur : Pour expliquer notre inaction devant une telle violation du droit des gens*, que nous n'avions à Rome que deux régiments, indispensables à la garde du Saint-Père. Il savait que le roi de Naples, faisant face à Garibaldi, ne pouvait être forcé à Capoue et à Gaëte, et que la fortune changerait vite la fortune du jeune roi; il n'hésite plus. — Il fait en même temps signifier au gouvernement romain qu'il ait, contre tout droit reconnu par tous les souverains, à licencier les troupes qu'il avait formées pour sa défense contre les mouvements révolutionnaires, et, *sans attendre la réponse*, sans déclaration de guerre, il donne en même temps l'ordre au général Cialdini d'envahir les États romains, à la tête de soixante mille hommes; et cependant il avait déclaré qu'il n'interviendrait pas à Rome et à Naples, et il avait exigé, avec l'approbation des puissances, que Rome et Naples ne se prêtassent pas un mutuel concours. La *non-intervention* entre les gouvernements de l'Italie était le principe accepté !

Le Pape avait, on le sait, confié le commandement de ses troupes à l'un de nos plus illustres généraux français. Le général de Lamoricière, surpris d'une pareille agression, n'y peut pas croire. Il proteste, car il savait que l'Empereur s'était énergiquement prononcé contre une pareille tentative. Il croyait que la parole de l'Empereur serait respectée. Les envahisseurs, en violant le territoire pontifical, disent hautement que leur gouvernement est d'accord avec l'Empereur. Huit jours avant, le général Cialdini complimentait l'empereur Napoléon, à Chambéry, de la part du roi Victor-Emmanuel. Tout concourait à accréditer le bruit de cet accord monstrueux contre lequel l'Empereur proteste. — On sait le guet-apens, puisque ce mot a été si justement appliqué à l'attaque de Castelfidardo : on sait l'histoire de ces jours néfastes, qui ont terni à tout jamais le noble blason de la maison de Savoie, et qui ont donné à de jeunes et mâles courages l'occasion de mourir pour leur foi, sous le coup d'une trahison sans exemple.

L'ordre était donné, dès le 20 août, de renforcer notre division de Rome. — Le *Moniteur* a déploré le retard de l'envoi de nos troupes. — Mais aussi, qui aurait pu croire à un pareil outrage au droit des gens ?

Bientôt le blocus et le siége d'Ancône commencent. Notre flotte était à Naples. Un ordre suffisait pour qu'elle fût rendue en quarante-huit heures devant *Ancône*, et que là, se plaçant en face des bâtiments sardes, elle signifiât au nom de la France, qu'après tant de sang versé et tant de sacrifices faits pour l'indépendance de l'Italie et pour le roi Victor-Emmanuel, elle avait le droit d'être écoutée et le devoir de l'exiger.

Alors, sans doute, l'armée et la flotte du Piémont eussent rétrogradé. Si, malgré un tel acte, elle eût persévéré à ne faire aucun cas de la parole de la France, notre armée, notre flotte, chargées de la faire respecter, n'eussent pas manqué à leur devoir.

L'occasion était noble et grande pour l'Empereur de montrer la loyauté et la fermeté de sa politique; de commander le respect à ses amis et à ses ennemis. L'occasion était unique pour pacifier l'Italie, en prenant la tutelle des Etats pontificaux et en faisant appel à un Congrès européen pour régler enfin des questions dont l'ajournement ne peut être que fatal à la paix du monde.

Il y a dans la vie politique des circonstances telles, que si l'occasion d'agir est manquée, les conséquences en peuvent être fatales. Celle-ci doit inspirer de grands regrets à notre gouvernement.

Déjà les Bersaglieri du Piémont étaient à Naples, les équipages de la marine sarde étaient au service de Garibaldi. Pendant qu'il foulait aux pieds les lois les plus sacrées dans les États romains, le roi Victor-Emmanuel violait en même temps les frontières de son parent, le roi de Naples. Le coup était trop bien monté pour qu'il ne fût pas complet. Après Rome, Naples ; deux attaques contre le droit des gens à la fois, sans déclaration de guerre et sans que, pour Naples, les relations diplomatiques fussent rompues. L'ambassadeur du Piémont était accrédité auprès du roi des Deux-Siciles. L'ambassadeur de Naples était à Turin. Le roi de Piémont envahissait les États de son parent, de son allié.

C'est là le droit nouveau.

Il est inauguré par *un Roi*, par un descendant de ces ducs de Savoie, si chevaliers, si braves et si loyaux.

Quel crime plus grand pourrait-on jamais reprocher aux révolutions ?

Je cherche des exemples dans les républiques les plus folles, dans les moments les plus fâcheux de la révolution de 93. Aucun ne se présente à ma mémoire pour l'honneur de mon pays; même dans les époques les plus calamiteuses, je ne trouve pas de pareils manques de foi au droit des gens.

Je trouve des exemples de férocité, d'emportements, tels que les fournissent les guerres civiles ; je trouve des actes odieux que la colère ou la peur font commettre, je recule épouvanté devant l'échafaud du meilleur homme que la France ait eu parmi ses Rois.

2

La révolution a fait tomber la tête d'un roi;

Le roi de Piémont a décapité la royauté.

Car ce n'est pas impunément qu'il aura foulé aux pieds tous les principes, tous les droits, toutes les formes ; qu'il aura méprisé, attaqué la Papauté, la Royauté, sa propre famille ; ce n'est pas impunément que tous les souverains de l'Europe auront laissé violer toutes les lois qui régissent les rapports des nations, dont ils ont *seuls* la sauvegarde.

Mais ce n'est pas tout encore. Le parlement piémontais est ouvert.

Jusqu'à ce jour, les actes avaient été en désaccord avec les promesses, avec les paroles. Les protestations contre une complicité avec la révolution, laisaient dans quelques esprits l'espérance que le *roi* était conduit, entraîné au delà de ses desseins. S'il marchait trop en avant, c'était pour prévenir *l'anarchie* qui, selon le Piémont, était infaillible avec Garibaldi. Bonnes gens que nous étions, notre profond respect pour la royauté, pour cette vieille maison de Savoie, que nous aimions tant, malgré bien des fautes récentes, nous laissait encore des illusions.

Un roi si brave parlant autrement qu'il n'agissait, nous semblait contraint de suivre une politique dont au fond sa conscience était révoltée, — il n'en était rien. L'ambition, l'esprit d'aventure avaient remplacé pour le roi Victor-Emmanuel ses nobles efforts en faveur de l'*indépendance de l'Italie*. Ses aveux ne laissent plus de doutes, c'est lui qui a tout préparé, c'est par ses ordres que Garibaldi a marché, en couvrant la conduite politique du roi de Piémont, qui restait caché derrière lui.

Il devait faire à son ambition le sacrifice de son nom de *galant homme*, et voici comment il s'exprimait dans son Manifeste daté d'Ancône, le 9 octobre 1860, sur la révolution qu'il avait fomentée en Italie ; voici enfin comment il traitait les loyaux volontaires qui s'étaient consacrés à la défense de Pie IX ; il oubliait que, parmi eux, il insultait des hommes qui, par leur naissance illustre, se rattachaient par des alliances à la maison de Savoie, et dont les pères avaient été les amis de son père, du roi Charles-Albert, avant et après qu'il fût roi. Dans tous les cas, il y avait là des Français qui n'avaient pas songé à le combattre; il devait, après la triste victoire remportée par son lieutenant Cialdini, se souvenir de la France (1).

(1) MANIFESTE DE VICTOR-EMMANUEL.

9 octobre 1860.

J'avais offert au Souverain-Pontife, dans lequel je vénère le chef de la religion de mes aïeux et de mes peuples, après la paix conclue, d'assumer le vicariat pour l'Ombrie et les Marches.

Il était manifeste que ces provinces, soutenues par le seul concours de mercenaires

Maintenant, tandis que le jeune roi de Naples fait son devoir de roi en défendant sa couronne à la tête de ses troupes fidèles, Victor-Emmanuel l'assiége dans Gaëte, et, champion royal du *droit nouveau*, il travaille avec ardeur à la destruction *du droit ancien*, c'est-à-dire du droit héréditaire qui l'a fait roi.

Ses soldats sont tous Piémontais ou étrangers à l'Italie. L'armée de François II est napolitaine. Que de tristes réflexions surgissent d'une telle conduite? L'heure de la réparation sonnera bientôt à l'horloge de la justice divine et humaine.

J'ai voulu faire un exposé, incomplet il est vrai, de cette conduite d'un roi, pour faire bien comprendre l'indignation qui saisit tout ce qui est honnête dans le monde, les monarchistes comme les républicains, ceux-là même qui défendent cette cause tout en ne dissimulant pas leur mépris pour les moyens si divers dont elle se sert.

Tous ces actes si coupables contre lesquels l'honnêteté publique se révolte, devaient être couronnés par un aveu des projets de Victor-Emmanuel.

Garibaldi, M. de Cavour, le roi de Sardaigne promettent à la révolution que dans *six mois* Rome sera la capitale du royaume d'Italie sous le sceptre de Victor-Emmanuel. La *Vénétie* n'appartiendra plus à l'Autriche.

Le premier de ces engagements soulève les consciences catholiques du monde entier; le second peut avoir nos sympathies, mais il met l'Europe sur un pied de guerre défensive ruineux pour toutes les nations.

Et aucun souverain de l'Europe ne proteste contre de pareils projets cyniquement avoués!

L'opinion publique, habituée à voir le roi de Piémont ne tenir aucun compte des avertissements même comminatoires de la France, habituée à voir réussir ses desseins sans entraves, ne doute pas du succès de cette politique d'astuce et

étrangers, si elles n'obtenaient pas la garantie du gouvernement civil que je proposais, en seraient tôt ou tard venues à la révolution.

« On combattait pour la liberté en Sicile, lorsqu'un preux guerrier dévoué à l'Italie et à moi, le général Garibaldi, accourait à son secours. Ils étaient Italiens. Je ne pouvais, je ne devais pas les retenir. La chute du gouvernement de Naples a confirmé ce que mon cœur savait : combien est nécessaire aux rois l'amour, aux gouvernements l'estime des peuples. Dans les Deux-Siciles, le nouveau régime s'est inauguré en mon nom. Mais quelques actes ont donné lieu de craindre que cette politique, représentée par mon nom, ne fût pas bien interprétée; toute l'Italie a craint qu'à l'ombre d'une glorieuse popularité, d'une probité antique, ne se renouât une faction, prête à sacrifier le prochain triomphe national aux chimères de son ambitieux fanatisme. Tous les Italiens se sont adressés à moi pour que je conjurasse ce danger. Il était de mon devoir de le faire, parce que dans l'état actuel des choses, ce ne serait pas de la modération, ce ne serait pas de la sagesse, mais de la faiblesse et de l'imprudence de ne pas assurer d'une main ferme la direction du mouvement national, dont je suis responsable devant l'Europe. J'ai fait entrer mes soldats dans les Marches et dans l'Ombrie en dispersant ce ramassis de gens de tous les

d'audace contre laquelle aucune barrière sérieuse ne s'élève (1). Il ne suffit pas de la présence d'une division de plus à Rome pour relever les consciences alarmées ; la révolution renverse tous les obstacles, méprise tous les conseils ; jusqu'ici elle a atteint le but qu'elle s'est proposé, et l'on s'étonnera aujourd'hui des douleurs et des défiances hautement proclamées par l'épiscopat et par le clergé? Oh ! non, non, mille fois, — le clergé est français, il est dans son droit, il est dans son devoir, car il sait que la France a le pouvoir et le devoir de défendre à *Rome* le successeur de saint Pierre, le chef du catholicisme, que tous nous respectons comme le représentant le plus élevé de Dieu sur la terre.

Le clergé de France, dont les prières s'élevaient depuis onze ans vers le ciel, pour la conservation des jours de l'Empereur; qui bénissait ses actes et ses intentions si manifestes, est frappé de stupeur en face d'un défi aussi outrageant porté à la France, qui, depuis onze ans, protége le Saint-Père dans Rome, et il se demande s'il serait possible que sa cause, la cause du catholicisme, fût abandonnée par la France?

Disons-le ouvertement : le clergé tout entier, tout ce qui est catholique, le craint, le redoute. — Les ennemis du catholicisme l'espèrent ; ils y comptent.

Comprend-on aujourd'hui pourquoi, en présence de pareilles énormités, ceux-là même qui ont pu avoir des défaillances ou dont le jugement a pu être égaré, se montrent plus inquiets, plus irrités même que ceux dont les espérances étaient déjà éteintes?

La force principale de l'Empereur existe dans tout ce qui est honnête, conservateur et religieux ; chacun comprenait, s'il n'adhérait pas à son gouvernement, qu'il était une heureuse nécessité. — C'est une grande puissance effective que celle d'un gouvernement qui, à la suite de révolutions successives, est regardé par tous, comme la sauvegarde des principes sociaux et

pays et de toutes les langues qui s'y étaient réunis ; nouvelle et étrange forme d'intervention étrangère, et la pire de toutes. J'ai proclamé l'Italie des Italiens, et je ne permettrai jamais que l'Italie devienne le nid des sectes cosmospolites qui s'y donnent rendez-vous pour y tramer les plans ou de la réaction ou de la démagogie universelle.

(1) *Mémorandum de M. de Cavour, du 12 septembre* 1860.

« Les troupes royales doivent respecter scrupuleusement Rome et le territoire qui l'entoure. Elles concourraient, si jamais il en était besoin, à préserver la résidence du Saint-Père de toute attaque et de toute menace, car le gouvernement du roi saura concilier toujours les grands intérêts de l'Italie avec le respect du chef auguste de la religion à laquelle le pays est sincèrement attaché. »

Rapport lu au Sénat par M. de Cavour, le 14 *octobre* 1860.

« Les Marches et l'Ombrie, délivrées de la soldatesque étrangère par l'armée de terre et de mer, la presque totalité du royaume des Deux-Siciles arrachée à la domination

religieux, sans lesquels les peuples n'ont plus de guides pour se conduire. — C'est l'effroi de l'avenir qui dicte ces cris de douleur que je me croirais coupable de retenir plus longtemps.

Plus la position dans un gouvernement est élevée, plus on le sert fidèlement, plus le devoir est pressant, plus il est absolu de dire la vérité. — Quand tout ce que l'on respecte est en question, on ne recule pas devant un devoir. — On ne sert pas en se taisant ; en disant bien haut ce que l'on pense, peut-être encore peut-on servir.

Je récapitule ainsi la situation. On ne peut trop s'efforcer de la faire comprendre.

Malgré les avertissements et les protestations de la France, le roi Victor-Emmanuel s'est rendu coupable de violations successives du droit des gens ; il a attaqué, sans être en guerre, des princes qui ne le connaissaient pas pour ennemi.

Il dépouille de leurs États, à son propre profit, ses voisins, ses alliés, le chef de sa propre religion, ses plus proches parents. Il écrase par surprise, et les insulte après, en pleine paix, les défenseurs des souverains chez lesquels il a sourdement alimenté les révoltes et les trahisons, en entretenant, près de leurs cours, des ambassadeurs chargés de fomenter la révolte et d'introduire les armées de leur maître contre ceux près desquels ils avaient mission d'entretenir des relations pacifiques et amicales.

Il ne tient aucun compte de la reconnaissance qui le lie à la France ; il méprise ses avertissements ; il la défie, il la compromet dans sa cause, aux yeux du monde entier. — Habilement conseillé, il choisit ses moments : il sait que l'Empereur ne peut pas recommencer le Congrès de Vérone ni abandonner l'Italie, qu'il a voulu rendre indépendante sous une fédération. — Rien n'arrête son ambition. Les révolutionnaires du monde entier sont à ses gages ; il les désavoue ; mais c'est lui qui les a mis en avant, c'est lui qui doit en profiter, et, pour le succès, tout moyen lui paraît bon. — Il constitue enfin le *droit nouveau*, c'est-à-dire le vol à main armée, comme si tous les crimes politiques étaient couverts par un titre de roi ! ! !

Maintenant, monarques de la terre, quels sont vos droits? quelles sont les garanties pour vos peuples ?

bourbonnienne par le fait du général Garibaldi, des volontaires et des populations insurgées, vingt-deux millions d'Italiens se trouvent aujourd'hui, pour la première fois, maîtres de leurs destinées; l'Italie entière, excepté Rome et Venise, peut devenir un seul royaume fort et compacte.

« L'idée de l'annexion immédiate des provinces nouvellement libérées se présente naturellement à l'esprit du ministère et des peuples italiens comme conséquence du système constamment suivi par le gouvernement du roi, comme occasion favorable au projet de l'unité nationale, comme nécessité politique et comme moyen de défense et de conservation de l'indépendance de la patrie. »

Vous avez abandonné leurs droits et les vôtres.

Le droit international n'existe plus. Un roi a tout détruit par ses attentats ; vous avez tout détruit par vos consentements.

Vos consentements ? Ce mot vous ne le méritez pas. Vous avez retiré vos ambassadeurs, mais vous avez tout laissé faire et vous n'avez rien répondu aux dernières déclarations de Garibaldi, de M. de Cavour, et du roi Victor-Emmanuel. En ce qui concerne Rome et la Vénétie, pas une seule protestation, pas une seule déclaration ne sont sorties des chancelleries européennes. Vous n'avez rien fait, vous n'avez rien dit pour rassurer les gens de bien; vous n'avez rien dit, vous n'avez rien fait pour imposer silence aux bruyantes espérances de la révolution. Il ne faut pas le cacher : La France a tout fait pour l'indépendance de l'Italie: il n'est sorte d'insultes qui ne lui aient été prodiguées. Il n'est pas *national* chez les Italiens révolutionnaires d'être reconnaissants envers la France, d'avoir égard à sa politique. L'Angleterre, au contraire, n'a rien fait pour l'Italie. Son gouvernement n'a prodigué ni ses trésors ni le sang de ses soldats. Seulement quelques milliers d'aventuriers viennent d'aller rejoindre Garibaldi, elle excite, elle pousse la révolution; à sa voix, les Italiens sont pleins d'espérance, c'est vers elle qu'ils manifestent leur entraînement. Elle est fort habile à se créer des amis, fort habile à créer des ennemis à ses voisins, tout au moins à les compromettre, et ce matin même, le *Times* qui nous arrive contient ce paragraphe insultant :

L'Empereur des Français envoie des troupes dans la campagne de Rome, et tandis qu'il rappelle son ambassadeur de Turin, il approuve secrètement et stimule la politique qu'il désavoue....

En même temps, les journaux qui, en France, ont pris la révolution pour drapeau, ne négligent aucun moyen pour persuader que leur politique est celle de l'Empereur, les journaux semi-officiels eux-mêmes, par leur faiblesse, leur hésitation, par leur ambiguité, font tout ce qu'il faut pour aider à cette si fâcheuse croyance.

Il n'y a cependant rien de vrai dans les allégations des journaux anglais, français ou italiens. Mais le grand mal, le mal immense de la situation, est que l'on croit à leur parole, et que rien ne vient leur donner un démenti formel, éclatant, qui ne laisse plus aucun doute dans les esprits les moins prévenus.

La retraite des ambassadeurs accrédités à Turin ne suffit plus à la réparation de l'immense scandale dont nous sommes les témoins. On ne croit plus aux demi-mesures, on ne croit qu'aux actes. Il ne s'en fait aucun.

Il est grand temps que la politique française se manifeste énergiquement, de manière à ce que tous sachent distinguer la vérité du mensonge, de la duplicité, qui met, notre gouvernement dans une suspicion très-injuste sans doute, mais dont j'ai expliqué les raisons d'être, sans qu'il soit possible de nier qu'elle existe réellement et très-généralement. La France ne comprend ni l'impuissance ni la duplicité. Cette compromission du gouvernement de l'empereur est peut-être ce qu'il y a de plus habile et ce qui indique le mieux l'ingratitude du roi Victor-Emmanuel. Pas une occasion n'a été manquée de laisser accréditer les bruits les plus faux, les suppositions les plus fâcheuses contre la loyauté de la France. Aux yeux de tous ceux qui n'imaginent pas une perversité aussi machiavélique, qui ne savent pas les faits, l'Empire est accusé de *faiblesse ou de complicité*. Les journaux du gouvernement l'avouent eux-mêmes, et leurs explications laissent subsister les mêmes injustices.

De faiblesse, ce serait un grand grief assurément, et le gouvernement ne l'a pas encore mérité, surtout en matière aussi grave ; mais on l'explique par des sympathies personnelles ou de famille, ou bien encore par le sentiment trop naturel : de pardonner beaucoup à ceux que l'on a comblés de bienfaits.

Enfin la *complicité*, on la cherche dans l'absence d'action, de résolution devant les défis portés par le ministère sarde; dans le peu de cas affecté que le Piémont fait des lettres de l'Empereur, des notes diplomatiques de son ministère; on croit la trouver dans un passage de la brochure, *le Pape et le congrès*, que chacun cite et commente à sa façon. C'est là, dit-on, que se trouve la pensée tout entière. La confédération italienne n'était qu'un leurre. L'abandon des duchés, malgré Villafranca et Zurich, l'abandon des Romagnes, l'invasion de tous les Etats romains et du royaume de Naples, tout ne prouve-t-il pas que l'empereur Napoléon est d'accord avec Garibaldi, M. de Cavour et le roi Victor-Emmanuel, pour anéantir le pouvoir temporel du Pape, et pour faire l'*Unité italienne?*

Les journaux révolutionnaires qui applaudissent à ces deux résultats vers lesquels tend le Piémont, qui y poussent, y provoquent sans cesse, qui interprètent tous les actes du gouvernement dans ce sens, qui donnent le même but aux articles remarqués dans les journaux semi-officiels, sont pris pour preuves, et à ce grand nombre de faits que l'on accumule, si l'on joint l'attitude de l'Angleterre, les compromissions de paroles prêtées faussement à l'Empereur par les Italiens, les engagements, les encouragements qu'ils prétendent recevoir, qu'ils inventent et qu'ils propagent, peuton s'étonner de voir l'esprit public s'égarer au point où il l'est aujourd'hui ?

Non assurément. Ce n'est pas par des hésitations, ce n'est pas par des demi-moyens qu'il faut combattre de pareilles erreurs si bien faites pour compromettre le gouvernement. Il ne faut pas s'y tromper; la confiance perdue revient rarement, et l'Empereur l'a dit : *c'est sur l'opinion publique* que doit être assis son gouvernement. L'opinion publique fait fausse route partout, personne ne sait où l'on va.

Ce n'est pas impunément qu'un gouvernement comme le nôtre n'a pas une conduite dessinée, aussi loyale que ferme. Nous avions pris l'habitude de cette grande politique que chacun comprenait, et chacun interprète la politique actuelle au gré de ses passions ou de ses craintes.

Chaque jour nous éloigne des habitudes prises. A qui la faute? Aux difficultés sérieuses, pleines d'embarras et de périls, que nous suscite le gouvernement du roi Victor-Emmanuel. La prudence du gouvernement de l'Empereur est mise à une cruelle épreuve, il faut en convenir. Le réveil nous montrera si c'est ainsi que doit agir la reconnaissance la plus vulgaire, et si, sans payer chèrement une pareille conduite, on peut compromettre impunément la France dans la cause d'un gouvernement pour qui rien n'est sacré.

Et cependant que l'on n'imagine pas que je sois un admirateur de la politique et de l'administration des États de Rome et de Naples : loin de là, je l'ai déjà dit, personne plus que moi ne reconnaît combien de réformes y seraient nécessaires. Mais, de ce que la politique et l'administration d'un gouvernement laissent beaucoup à désirer, s'ensuit-il que l'on ait le droit de l'envahir, en violant toutes les lois admises dans le code de toutes les nations civilisées. Peut-on, avec de pareils prétextes, tenter l'aventure par de grandes bandes révolutionnaires cosmopolites, pour les désavouer si elles ne réussissent pas ou pour profiter des succès qu'elles auront obtenus? Assurément non, mille fois non. Si l'on admettait qu'il suffît qu'un gouvernement soit en dehors des idées que nous avons en France pour avoir le droit de le révolutionner, il y en aurait bien peu en Europe qui échapperaient aux convoitises de nos rénovateurs.

L'Angleterre aristocratique, rivant les chaînes de l'Irlande, des îles Ioniennes, etc., etc., devrait avoir le premier rang, elle mériterait au moins autant que Rome et Naples l'anathème et les dévouements des libérateurs du genre humain et de leur roi Victor-Emmanuel.

La Turquie trouve grâce devant eux. — Les Turcs sont musulmans, ils n'oppriment que *treize millions* de chrétiens. Les Turcs et l'Angleterre ne sont pas catholiques; les uns et les autres sont trop puissants. On ne s'attaque qu'aux faibles.

L'Angleterre aime les révolutions chez les autres peuples; elle les encourage. — Elle est, chose déplorable à dire, l'alliée de tous les révolutionnaires de l'Europe. — Elle ne défend les droits des gouvernements qu'en Amérique, par crainte des États, plus révolutionnaires qu'elle-même (1).

Il est peu de révolutionnaires, en Europe, qui ne soient à sa solde. Il faut convenir que ses intérêts sont bien servis.

Cette réflexion me conduit à dire combien l'Italie unitaire serait fatale aux Italiens eux-mêmes et à la France.

§ III.

Et d'abord, en quoi l'indépendance de l'Italie serait-elle atteinte par une fédération des différents Etats qui la composent? Que voulait l'Italie, qu'avons-nous voulu en allant au secours du Piémont? Faire disparaître l'action écrasante de l'Autriche sur la Lombardie et sur l'Italie centrale, son influence absolue sur l'Italie méridionale. Cette politique a été celle de tous nos rois, depuis Charlemagne, François Ier, Henri IV, jusqu'à nos jours. La lutte de l'Autriche et de la France en Italie n'a jamais cessé ; il est temps que chacune des grandes nations catholiques conserve la juste influence qui lui est due, sans qu'aucune l'absorbe tout entière à son avantage. Cette cause de guerres incessantes entre les deux nations ne peut disparaître que sous une fédération; car bientôt, sous l'Italie unitaire, la guerre serait déclarée entre l'Italie et l'Autriche. — Si l'Italie succombait, notre œuvre serait détruite. Si l'Autriche était vaincue, le caractère distinctif des Italiens, leur amour-propre et leur imprévoyance les mettraient bientôt en guerre avec la France elle-même, si elle ne leur avait pas donné le concours de ses armes.

En dehors de ces prévisions certaines, après les menaces à échéance fixe que le roi Victor-Emmanuel vient d'adresser à l'Autriche, peut-on douter que le jour où une nation de vingt-cinq millions d'Italiens serait constituée, les exigences seraient telles que bientôt nous ne serions plus d'accord avec l'Italie.

Les illusions dont elle se berce, aboutiraient certainement à vouloir lui faire prendre, dans la Méditerranée, une prépondérance supérieure à la nôtre, et alors on verrait promptement l'alliance de l'Angleterre et de l'Italie se former contre la France. Ce résultat, inévitable dans un temps plus ou moins éloigné, ne suffirait-il pas pour nous décider à ne pas nous prêter à l'unité italienne?

(1) Dépêche adressée par lord John Russell à sir John Hudson, le 27 octobre 1860.

Ma conviction sur ce point est si profonde que, sans soupçonner assurément les intentions patriotiques de ceux qui croient devoir appuyer l'unité italienne de tout leur pouvoir, par leurs conseils et par leurs écrits, je regarde la réalisation de ce vœu comme la perte totale de notre situation politique et commerciale dans la Méditerranée.

L'ingratitude de l'Italie envers nous, ne peut d'ailleurs être mise en doute. Les publications les plus insensées nous arrivent depuis la paix de Villafranca, et, selon leurs auteurs l'armée française aurait été nuisible, quand elle n'aurait pas été inutile. Ce n'est pas notre armée qui a gagné les batailles de Montebello, de Magenta, de Marignan, de Solferino. — L'armée sarde a tout fait. Nous n'étions qu'en seconde ligne.

De telles extravagances s'impriment tous les jours ; elles sont acceptées par la morgue italienne. — Nos généraux et nos soldats de l'armée d'occupation n'y pouvaient pas croire. Tous vous diront la reconnaissance de l'Italie. — Officiellement, il n'en est pas ainsi, tant que l'on a besoin de nous ; mais il est facile de deviner, par les journaux et dans les discours de M. de Cavour, combien la reconnaissance pèse au gouvernement piémontais ; combien la cession de Nice et de la Savoie ont laissé de regrets et de ressentiments dans le cœur de nos obligés (1).

On peut me répondre par un discours de lord Aberdeen, qui exprimait la crainte de l'union de l'Italie avec la France. L'Italie n'était pas alors unitaire, et ce serait bien peu connaître la vérité de ce vieil adage : *On n'est jamais longtemps bien avec ses trop proches voisins.*

Mais, d'ailleurs, cette unité italienne est-elle même praticable dans l'intérêt de l'Italie? Quelle est sa condition absolue, au dire de ceux qui la préconisent?

(1) *Discours de M. de Cavour à la Chambre des Deputés, à Turin, le 12 octobre* 1860.

« Je passe à la question diplomatique. On a parlé de cession à la France; je ne vous dirai pas qu'il n'en a jamais été question, mais je ne comprends pas qu'on maintienne l'Italie divisée pour éviter une cession hypothétique.

« Le traité du 24 mars ne pourra être indiqué comme précédent. La question de nationalité n'est pas possible, et ce qu'on a à demander à un pays restreint, on ne le demandera pas à 22 millions d'Italiens unis. Mettez au ministère qui vous voudrez, on fera à une telle demande la réponse de Gino Capponi. On a parlé de Rome et de Venise; je pourrais invoquer la raison d'État, pour ne rien dire; mais, dans ce temps-ci, il vaut mieux parler haut.

« Pour le moment, tout le monde reconnaît qu'il n'est pas opportun d'aller à Rome tant que les Français y sont. Mais un homme d'État doit prévoir l'avenir, sauf à changer de direction selon les événements. Quelle est donc notre idée? C'est de faire que la Ville éternelle devienne la splendide capitale du royaume italien. (Bravos enthousiastes et prolongés.) Mais quels moyens avez-vous, me dira-t-on, pour atteindre ce but?

« Réussirons-nous par les armes ou par les négociations? Je n'en sais rien. »

La Capitale du royaume italien doit être Rome.

Ainsi, sous la république, l'Assemblée constituante aurait décidé l'envoi de notre armée pour rendre au Souverain-Pontife la Ville sainte et ses Etats; nous aurions combattu et vaincu Garibaldi et ses bandes, en 1849, — et nous consentirions, sous l'Empire, sous un gouvernement monarchique, à livrer Rome et le Souverain-Pontife à Garibaldi, protégeant le nouveau roi d'Italie de ses armes et de sa popularité!...

Rome catholique était rendue à son souverain par le prince Louis-Bonaparte, président de la République, — et l'Empereur Louis-Napoléon se réserverait de laisser dépouiller le Pape de ses États, quand il a encore aujourd'hui deux divisions françaises pour défendre sa personne sacrée!

Il y a des énormités que l'imagination peut enfanter, mais contre lesquelles notre patriotisme se révolte.

En supposant qu'une aussi monstrueuse iniquité puisse s'accomplir, que deviendrait Rome sans le Pape? qu'est-ce qui fait la vie de la capitale du monde catholique? C'est le séjour des Souverains-Pontifes.

Ce ne sont pas seulement ses monuments, ses chefs-d'œuvre de tous genres dont les Papes se sont toujours montrés les intelligents et vigilants gardiens, ce sont les rapports incessants de Rome avec la catholicité, avec le monde entier. Voyez aux grandes fêtes de Noël, aux fêtes de la Semaine-sainte, cent mille étrangers accourir de toutes les parties du monde pour recevoir la bénédiction que donne ce saint vieillard *urbi et orbi;* voyez tous les souverains de la terre aller rendre leurs hommages au saint Pontife qui règne sur les ruines de l'ancien monde, et dites si sous un autre roi, la ville de Rome ne serait pas un tombeau, si les richesses qui se répandent par tant de visiteurs viendraient encore faire vivre ces populations, si intelligentes mais si imprévoyantes.

Rome papale pour toute l'Italie est plus, et l'on ne doit pas s'y tromper, que l'ancienne capitale de l'empire romain. Qui ne sait en Italie que Rome était dans Rome pour les droits et pour la liberté; qui ne sait que toute l'Italie était esclave. — Et l'on croit que depuis les Alpes jusqu'au golfe de Tarente, que la Sicile ne rèvent que Rome pour capitale? C'est un abus criant de la liberté de tout vouloir persuader à ceux qui ne connaissent pas l'Italie.

Est-ce que les mœurs des Piémontais sont les mêmes que celles des Calabres, est-ce qu'elles sont les mêmes que les mœurs de la Toscane, des Romagnes ou des États romains, de Naples ou de la Sicile; — mais entre ces peuples les différences frappent tous les yeux. Les populations des Abruzzes sont-elles les mêmes que celles de la Lombardie? Non-seulement elles ne sont pas les mêmes, mais les habitudes, les sentiments diffèrent presque en tous points.

Croit-on qu'il ne faudrait pas des siècles de compression pour faire oublier aux Napolitains qu'ils étaient un royaume et que le petit Piémont les a conquis par Garibaldi?

Croyez-vous qu'en apprenant leur histoire contemporaine, ils ne rougiraient pas d'eux-mêmes? Croit-on que le Piémont et la Lombardie, deux nations déjà si différentes, consentiraient longtemps à être des provinces de Rome? Croit-on que Rome, habituée à se considérer comme la Capitale catholique de l'univers, serait longtemps à établir la différence de sa suprématie entre un duc de Savoie devenu roi et le chef auguste du catholicisme?

Admettons que Rome n'eût pas à se repentir pour sa splendeur, et qu'elle redevînt la vraie et grande capitale de ce Royaume nouveau.—Avec quel dédain bientôt elle traiterait tous ces peuples réunis sous son sceptre. Ces peuples qui furent autrefois ses esclaves et qu'elle considérerait comme rendus à son ancienne domination? Nous n'attendrions pas de longues années pour voir surgir de toutes parts en Italie des guerres civiles qui se termineraient, le bon sens n'en peut douter, par le partage de l'Italie en Etats séparés. — Et pourquoi alors, aiderions-nous, consentirions-nous, pourquoi dans l'intérêt de l'Italie elle-même, dans l'intérêt évident, incontestable de la France, de l'Europe, ne nous opposerions-nous pas à la constitution de l'unité italienne qui doit d'un même coup être si fatale aux intérêt politiques et religieux de tant de peuples?

L'indépendance de l'Italie, une Confédération italienne, voilà quel doit être le but de la politique de la France. Comment pourrait-on persuader à notre pays que ses intérêts sont de faire près de nous une nation de 25,000,000 d'hommes, dans une situation formidable pour la France, formidable par sa position géographique, formidable par l'agitation incessante de ses habitants dès que toute carrière sera livrée à son ambition, à son besoin de faire revivre l'Empire Romain.

Singulière destinée, qui peut-être un jour serait réservée à la France, d'avoir relevé les aigles romaines en oubliant que César fit la conquête de la Gaule.

Sentiment pour sentiment, celui que j'exprime vaut bien celui qui emporte notre époque vers l'unité italienne sans réfléchir aux suites incalculables d'un pareil entraînement.

Non, certes, que j'aie la puérile frayeur de voir le roi Victor-Emmanuel envahir la France à la tête de ses légions, il faudrait bien des générations pour abaisser et pour élever l'une et l'autre puissance au niveau nécessaire pour la réalisation de tels événements; mais la vie des peuples est longue, et il y a des enseignements certains de l'histoire qu'il ne faut jamais dédaigner. Nous n'avons aucun motif *de même origine ou d'obligations de reconnaissance* ni dans le passé, ni dans le présent, pour nous déterminer à créer une nouvelle grande puissance si près de nos frontières, si près de nos côtes. La prudence la plus vulgaire ne peut laisser aucune hésitation.

Mais, paraît-il, le roi Victor-Emmanuel propose au Saint-Père d'être son plus fidèle sujet s'il veut consentir à le reconnaître roi d'Italie avec Rome pour capitale.

La question pour lui doit se résoudre par l'argent.

Il lui promet des trésors.

On en promet aussi à l'Autriche si elle veut vendre la Vénétie. Et c'est un roi qui ose faire de pareilles propositions au Pontife-Roi. Est-ce bien un rêve? Non, l'immoralité de notre époque va jusque-là. C'est très-sérieusement, très-respectueusement que le roi Victor-Emmanuel propose au Saint-Père de lui vendre son honneur et sa conscience, son trône de pontife et son trône de souverain : *contre de l'argent.*

Judas vendait son divin Maître. Le roi Victor-Emmanuel propose à son vénérable représentant sur la terre : de l'acheter.

Et c'est un roi qui démoralise ainsi les peuples. En vérité, on a trop vécu quand de pareilles infamies se révèlent et quand on ne voit pas tous les cœurs bondir d'indignation en présence de telles aberrations de tout sens moral.

Si pour la Vénétie, qui n'est qu'une province nouvellement réunie à l'Autriche, de pareilles propositions pouvaient être acceptées, ce ne serait peut-être pas très-honorable, mais *la Ville éternelle et le Souverain-Pontife* vendus à beau denier comptant à ce roi dont tous les actes contre l'Église sont aussi coupables que l'astuce de ses protestations, il n'y aurait personne au monde qui pût croire à une telle infamie ! Écoutez Machiavel, le maître de la science politique italienne, et voyez si ses enseignements sont suivis (1). Passons, il y a des

(1) LE PRINCE, PAR MACHIAVEL.

CHAP. XVIII.

« Il est sans doute très-louable aux princes d'être fidèles à leurs engagements; mais parmi ceux de notre temps qu'on a vu faire de grandes choses, il en est peu qui se soient piqués de fidélité et qui se soient fait un scrupule de tromper ceux qui se reposaient sur leur loyauté.

« Vous devez donc savoir qu'il y a deux manières de combattre : l'une avec les lois, l'autre avec la force. La première est propre aux hommes, l'autre nous est commune avec les bêtes; mais, lorsque les lois sont impuissantes, il faut bien recourir à la force. Un prince doit savoir combattre avec ces deux espèces d'armes; c'est ce que nous donnent finement à entendre les anciens poëtes dans l'histoire allégorique de l'éducation d'Achille et beaucoup d'autres princes de l'antiquité, par le centaure Chiron, qui, sous la double forme d'homme et de bête, apprend à ceux qui gouvernent qu'ils doivent tour à tour employer l'arme propre à chacune de ces deux espèces, attendu que l'une sans l'au-

limites de dégoût qu'il faut franchir bien vite pour ne pas se désespérer de les voir exister.

Que voudrait donc le roi Victor-Emmanuel? Il faut le dire, il voudrait plus que Charlemagne, en renversant son œuvre : lorsque ce grand souverain voulut assurer l'indépendance du chef de l'Église catholique, il se faisait reconnaître comme roi des Romains; ses successeurs, pendant cent cinquante ans en ont porté le titre, et leur haute protection s'est exercée sur Rome bien des fois. Les rois de France étaient les protecteurs et les arbitres dans les troubles dont les papes pouvaient avoir à souffrir. Ils étaient souverains de Rome, les papes leur rendaient hommage comme souverains temporels ; mais les papes régnaient de fait à Rome, et jamais il n'eût passé dans l'esprit de Charlemagne ou de ses successeurs de faire des papes leurs *instruments de règne*. Que fût devenue l'indépendance du pontife Romain, si nos rois quittant la France eussent été régner à Rome?

Et c'est là cependant le but que se propose le roi Victor-Emmanuel. Pour y parvenir, il ne livrera pas de batailles à l'armée française qui défend Rome et le Souverain-Pontife, il sait quel serait le prix d'une pareille témérité. J'ai dit comment il comptait accomplir ses desseins. Sans doute, devant le mépris qu'inspirent de pareilles propositions, d'autres expédients seront inventés. On peut s'attendre à tout. Mais, puisque ce rôle de

tre ne saurait être d'aucune utilité durable. Or, les animaux dont le prince doit savoir revêtir les formes sont le renard et le lion. Le premier se défend mal contre le loup, et le second donne facilement dans les piéges qu'on lui tend. Le prince apprendra du premier à être adroit, et de l'autre à être fort. Ceux qui dédaignent le rôle de renard n'entendent guère leur métier; en d'autres termes, un prince prudent ne peut ni ne doit tenir sa parole que lorsqu'il le peut sans se faire tort, et que les circonstances dans lesquelles il a contracté engagement subsistent encore. . . . .

« Le point est de bien jouer son rôle, et de savoir à propos feindre et dissimuler. Et les hommes sont si simples et si faibles, que celui qui veut tromper trouve aisément des dupes. . . . .

« Il n'est donc pas nécessaire à un prince d'avoir toutes les bonnes qualités dont j'ai fait l'énumération; mais il est indispensable de paraître les avoir; j'oserai même dire qu'il est quelquefois dangereux d'en faire usage, quoiqu'il soit toujours utile de paraître les posséder. Un prince doit s'efforcer de se faire une réputation de bonté, de clémence de piété, de fidélité à ses engagements et de justice; il doit avoir toutes ces bonnes qualités, mais rester assez maître de soi pour en déployer de contraires lorsque cela est expédient.

« Je pose en fait qu'un prince, et surtout un prince nouveau, ne peut exercer impunément toutes les vertus, parce que l'intérêt de sa conservation l'oblige souvent de violer les lois de l'humanité, de la charité et de la religion. Il doit être d'un caractère facile à se plier aux différentes circonstances où il peut se trouver.

« En un mot, il lui est aussi utile de persévérer dans le bien, lorsqu'il n'y trouve aucun inconvénient, que de savoir en dévier, lorsque les circonstances l'exigent. Il doit surtout s'étudier à ne rien dire qui ne respire la bonté, la justice, la bonne foi et la piété; mais cette dernière qualité est celle qu'il lui importe le plus de paraître posséder, parce que les hommes, en général, jugent plus par leurs yeux que par aucun des autres sens. »

Charlemagne conviendrait si bien au roi révolutionnaire, pourquoi la France avec plus d'honneur, avec un désintéressement digne d'elle, ne le revendiquerait-elle pas pour elle-même? Elle aurait des droits à faire valoir. Non, qu'elle dût renouveler les formes posées par Charlemagne, mais comme protectrice de Rome et des États romains, elle a des droits séculaires? Pourquoi, d'accord avec les autres puissances catholiques, ne proposerait-elle pas au pontife Romain de le laisser roi, en établissant un protectorat en commun. Pourquoi n'irait-elle pas même jusqu'à proposer au Saint-Père d'accepter un conseil d'hommes choisis dans chaque nation catholique en réservant à la France la présidence.

Serait-il donc si difficile au Souverain-Pontife de choisir d'accord avec chaque puissance protectrice, le conseiller de chaque nation qui devrait faire partie de ce grand conseil administrant les États romains au nom du Pape, avec l'immense autorité des gouvernements qui les auraient ou choisis ou acceptés. Serait-il si difficile de trouver dans chaque nation un catholique éminent, dévoué au maintien du pouvoir temporel du Saint-Siége, assez éclairé sur les nécessités de notre temps pour concilier le spirituel et le temporel dans les États de l'Eglise?

Il ne faut pas se le dissimuler, les caractères manquent à Rome, les hommes y sont rares pour tout ce qui tient à l'administration. Si, comme l'a dit le Saint-Père, et comme je le crois, Rome catholique appartient à tout le catholicisme, pourquoi des hommes d'élite pris chez toutes les nations catholiques n'aideraient-ils pas le Pape à sauver la Ville éternelle et ses États des envahissements déjà si avancés?

Cette administration romaine, contre laquelle s'élèvent tant de récriminations, serait-elle attaquable à bon droit si elle était placée entre les mains des conseillers les mieux choisis, des hommes les plus distingués parmi les catholiques de l'Europe? En quoi l'autorité du pontife-roi pourrait-elle être amoindrie? N'est-il pas le père de tous les catholiques, aussi bien de l'Espagne que de la France, du Portugal que de l'Autriche, etc.

L'autorité morale d'un tel conseil donnerait toutes les garanties de progrès et de stabilité qui manquent à Rome. — Un simple changement hiérarchique suffirait pour assurer la marche de cette administration supérieure relevant uniquement de Rome et derrière laquelle se trouveraient les puissances *protectrices*.

Ah! je comprends que l'exemple du comte de Rossi sera l'un des arguments contraires à cette proposition. Croit-on qu'un seul homme de cœur reculerait devant une pareille éventualité? Ils sont rares, il est vrai, les hommes qui pourraient être appelés à une si haute mission, mais il n'en est aucun qui ne briguât l'honneur de servir sa foi, son pays et l'Europe entière en se consacrant à une œuvre si belle, si grande, si féconde en résultats heureux.

Les développements de cette pensée m'entraîneraient trop loin; — elle peut être attaquée, elle peut être défendue d'une façon victorieuse.

Dans tous les cas, la France ne peut pas, ne doit pas laisser à Rome le roi Victor-Emmanuel dicter ses lois au Souverain-Pontife, au catholicisme du monde entier, à l'Italie dont il poursuit la chimérique unité sous son sceptre.

§ IV.

J'ai dit que j'expliquerais comment le *droit nouveau* que l'on proclame ne ressemble en rien aux opinions que j'ai soutenues avec une persévérance qui m'a valu bien des luttes.

Dans le courant de ce travail, j'ai déjà eu plusieurs fois l'occasion de repousser ce prétendu *droit nouveau* que l'on applique à tout ce qu'il y a de plus condamnable et de plus opposé aux principes admis dans les sociétés civilisées.

A chaque atteinte portée à la probité politique, la révolution répond par le *droit nouveau.* Engagements sacrés pris à la face du monde et violés bientôt après, *droit nouveau.* Envahissements d'Etats constitués et reconnus de l'Europe entière par des bandes révolutionnaires cosmopolites, *droit nouveau.* Secours en hommes, en armes, en argent, en munitions, fournis par une puissance en paix avec celles attaquées, *droit nouveau.* Ambassadeurs travaillant au renversement du gouvernement auprès duquel ils sont accrédités, *droit nouveau.* Envahissement de *territoires amis* par les troupes d'un roi, *droit nouveau.* — Sans déclaration de guerre, ce qui constitue un guet-apens, *droit nouveau.*

Déchéance du Pontife-Roi, guidant les consciences de deux cents millions d'hommes et de la France presque entière, *droit nouveau.*

L'appel au suffrage universel par les bandes révolutionnaires, tandis que le souverain règne encore, — *droit nouveau.* Les troupes d'un roi parent du roi que l'on veut détrôner, venant appuyer de leurs armes le *suffrage universel*, déjà *protégé* par les bandes de Garibaldi, — *droit nouveau.*

Le roi de Naples est à la tête de ses troupes, le roi de Piémont fait appel au suffrage universel que l'on sait. — Son droit est devenu certain ; le roi de Naples n'est plus qu'un révolutionnaire armé contre le suffrage universel, — contre le *droit nouveau*.

Tout est nouveau, en effet, dans ce qui se passe devant nos yeux ; mais vouloir élever la violation de tous les principes sociaux et politiques à la hauteur *d'un droit*, ne peut se concevoir qu'à notre époque, où tout peut se faire accepter, tant est persévérante l'audace avec laquelle les principes les plus faux sont substitués à la vérité.

Quelle serait la conséquence de ce *prétendu droit nouveau?* c'est que par son antagonisme avec le *droit ancien*, c'est-à-dire l'hérédité, la tradition, que représentent presque tous les souverains qui sont sur les trônes, il faudrait que l'un ou l'autre succombât.

Aussi le droit héréditaire doit-il, suivant la révolution, être détruit, et la lutte ne cessera que lorsque tous les peuples auront donné, par le suffrage universel, de *nouveaux droits* viagers aux monarques qui les gouvernent, n'importe comment, n'importe dans quelles conditions ; que la ruse, le mensonge, la violence, la violation du droit des gens laisse la justice d'un côté et le crime de l'autre, que le suffrage universel soit une vérité ou un mensonge, qu'il soit libre ou contraint, que l'emportement ou la faiblesse dominent son *verdict*, il n'existe aucun droit préexistant ou survivant au *droit nouveau*.

Ainsi demain le général Garibaldi, à la tête de ses grandes bandes, envahirait *Nice, la Savoie, le Dauphiné, la Provence*, que des fautes du gouvernement auraient pu mécontenter, que la terreur de l'anarchie et de leurs envahisseurs pourraient effrayer, le suffrage universel prononcerait en vertu du *droit nouveau* ; l'Empereur n'aurait plus de droits sur cette partie de la France. — Il serait un affreux tyran, ses troupes seraient des janissaires s'il osait ne pas respecter les faits accomplis.

Ce serait bien pis encore, si un Victor-Emmanuel quelconque, à la tête de ses troupes, se trouvait le *prétendant*, devenait l'Élu du *droit nouveau*, qui, alors, serait le *droit sacré?*

C'est impossible, dira-t-on ; je ne le nie pas ; mais est-ce bien là un exemple dont l'analogie ne supporte pas la contradiction ?

On argue de la similitude d'origine, dans la question italienne. Constatons d'abord que rien, historiquement, n'est plus faux. Les peuples Lombards ne sont pas les Romains. Mais est-ce que *la Corse* n'est pas d'origine latine ? Si les flots changeants de l'opinion, souvent égarée par la faute des peuples autant que par celle des gouvernements, venaient à s'élever contre la France ; si des vœux d'annexion à l'Empire Romain, par impossible, se produisaient chez ce peuple, si Français aujourd'hui par le cœur, mais dont l'origine italienne n'est pas contestable, le *droit nou-*

veau serait-il moins respectable, le jour où Garibaldi et Victor-Emmanuel auraient, en vertu du *suffrage universel*, obtenu par *leurs moyens connus*, la séparation de la Corse de la France? Non, assurément; les prémisses sont trop vraies pour que les conséquences n'en soient pas de toute justesse.

§ V.

Le *droit nouveau*, c'est la révolution permanente; le suffrage universel, que j'ai toujours défendu, est un moyen de salut; la France ne peut pas l'oublier pour elle-même.

Dans quelles conditions ai-je donc demandé le suffrage universel? Uniquement pour combattre les révolutions, qui depuis soixante-dix ans ont failli perdre la France tant de fois.

La révolution de 1830 établit en principe la *souveraineté nationale*, mais sans aucun droit qui la prouvât.

Les générations si nombreuses qui, pendant huit cents ans, ont maintenu la délégation de l'autorité souveraine à nos rois de mâle en mâle par ordre de primogéniture, ont eu le bon sens de comprendre que la délégation faite primitivement à *Noyon* n'était pas instituée dans l'intérêt d'une famille mais dans l'intérêt national.

L'*Hérédité, a dit Fénelon, n'a pas été établie pour que le trône fût toujours bien rempli, mais pour qu'il ne fût jamais vide.*

C'est rendre justice à la trop grande faillibilité humaine, c'est dire que l'hérédité est un obstacle aux ambitions qui déterminent les révolutions dont les peuples ont tant à souffrir quand ils n'y périssent pas.

Nos pères avaient tellement raison que, trois fois dans ce siècle, nous avons vu des gouvernements monarchiques s'établir à la suite de révolutions. Le premier empire par le suffrage universel, la royauté de Juillet par deux cent dix-neuf députés sans droits, mais avec la soumission de la France, surprise, épouvantée des conséquences possibles de la chute du trône de saint Louis. Enfin, l'empire actuel par le suffrage universel.

C'était bien des droits nouveaux que l'on constituait, c'était bien des principes nouveaux qui, chaque fois, étaient proclamés; on a eu beau chercher une formule qui donnât tort à l'œuvre primitive de nos pères, toujours et chaque fois, malgré les efforts tentés pour faire du nouveau, il a fallu en revenir à la même formule, qui est la base de chacune des trois nouvelles constitutions :

La France est une monarchie héréditaire de mâle en mâle par ordre de primogéniture.

Quel plus bel hommage à la vérité que cette impuissance de pouvoir trouver une formule nouvelle pour la France monarchique?

Je n'ai pas à faire l'histoire de la révolution de Juillet ni à la juger ici, autrement que pour dire combien il était révoltant de voir le prince le plus près du trône, un prince qui avait tant à faire oublier son père, de le voir usurper la couronne de son neveu enfant, par l'escamotage illégal d'une minorité de la Chambre des députés. Et cependant, ce gouvernement, reconnu par tous les rois de l'Europe, fut constitué. Il se disait issu de la *souveraineté nationale* en opposition au *droit divin*. Le droit divin, pour un catholique, peut s'attribuer à l'élection d'un pape. Je ne l'ai jamais compris que comme une machine de guerre contre l'hérédité, dont le tort était de s'être suivie dans la même famille pendant tant de siècles. L'excellence du principe, sa conservation par toutes les générations qui nous avaient précédées était un grief. Il est si beau d'avoir à faire un roi dans sa vie! chacun ambitionnait cet honneur; le gouvernement de Juillet voulut persuader au peuple français qu'il était son œuvre.

Le mensonge, accepté comme vrai, ne peut convenir qu'aux âmes trop mollement trempées pour exiger que la vérité soit incontestable.

J'ai donc demandé, pendant tout le règne des d'Orléans, que le *suffrage universel* mît un terme au mensonge de l'origine et décidât de l'avenir de la France.

Les divisions d'opinions de la France étaient à l'infini. Le suffrage universel était le seul moyen de conciliation. C'était peut-être une base pour un *inconnu;* mais le gouvernement de Juillet était une monarchie *révolutionnaire* qui s'intitulait *monarchie républicaine :*

Il y a des anomalies contre lesquelles il y a encore des caractères qui se révoltent. Je voulais obéir à la France, mais je voulais qu'elle eût parlé.

La famille royale était séparée en deux camps. La branche aînée restait dans ses droits et dans la tradition. La branche cadette usurpait la couronne en vertu *du droit nouveau*. Les héritiers de Napoléon Ier revendiquaient une possession à laquelle ils avaient les droits que donnait le suffrage universel finissant la révolution de 93, et les hauts faits de l'Empire. Les républicains étaient toujours sous les armes. L'absence de principes se manifestait partout.

Dans les moments où tout est en question, quand la foi politique est si diverse et presque éteinte dans les masses populaires qui vous répètent dans leur naïf langage : *nous ne croyons plus à rien, nous en avons tant vu!* à quel juge s'adresser? à quelle source remonter pour trouver une base solide à la société politique, sinon à l'origine de l'unité française, à la volonté nationale?

La révolution de 48 s'est faite; elle a renversé ce que celle de 1830 avait établi; ce n'était que juste. Il est dans les desseins de la Providence de donner aux nations et aux rois, de ces terribles exemples qui prouvent que les lois morales et les lois de la famille ne sont jamais impunément renversées.

Le suffrage universel, même dans ses écarts, fut respecté par l'immense majorité, il sauva la France une première fois.

La nomination de l'assemblée nationale produisit une majorité monarchique, véritable Babel, dont chaque parti voulait se servir pour accomplir ses desseins.

Les fautes, je les ai signalées maintes fois, je n'y reviendrai pas.

Pour sortir des difficultés inextricables qui rendaient impossible la nomination d'un nouveau président de la république au mois de mai 1852, je proposai l'appel au peuple sur la question de *monarchie* ou *république*. La France était maîtresse d'elle-même, l'autorité et les lois étaient respectées. Le verdict qui fût sorti des grandes assises de la nation n'aurait pas pu être suspecté. Tandis que les uns affirmaient que la France voulait la République, le plus grand nombre soutenait que la nation n'avait accepté cette forme de gouvernement que pour se recueillir et pour éviter l'anarchie. L'expérience faite depuis février 48, m'avait amené à cette profonde conviction.

Je fus accusé d'être révolutionnaire!! je portais cependant bien haut alors le drapeau qui m'a été si violemment arraché des mains, bien qu'il fût arrosé du sang de tous les miens. Oublions un pareil passé pour ne penser qu'à la France.

Ma proposition fut escamotée par un tour parlementaire, on sait comment.

Et voilà que, bien plus tard, un appel à la force prononce la dissolution de l'Assemblée nationale. Le suffrage universel, rendu à sa vérité et dégagé des restrictions que la majorité y avait si maladroitement apportées, est de nouveau appelé à prononcer sur la Présidence à vie, que lui demande le prince Louis-Napoléon. Déjà le prince avait été nommé Président de la République malgré les efforts énergiques et puissants tentés par le gouvernement républicain qui l'avait précédé, pour faire prononcer le suffrage universel dans un sens contraire.

Je ne connais pas de vote moins entaché de fraude que la réponse faite par la France quand elle nommait le prince Louis-Napoléon Président de la république. Le Prince n'avait aucune puissance, il n'avait à son service aucun des moyens d'influence qu'avaient ses adversaires. Son nom lui valut une de ces majorités que la mauvaise foi n'a jamais pu contester.

L'appel fait au suffrage universel après le coup d'État, n'avait pas le même caractère de liberté, car il ne permettait de choisir qu'entre le prince Napoléon et l'anarchie. La formule du verdict à prononcer était absolue pour le prince ou négative. On a pu le regretter.

Mais quand, un an après, un troisième appel est fait au suffrage universel pour l'Empire, apparaît cette formidable armée de huit millions de votes acclamant l'Empereur comme le seul moyen de salut qui se présentât à la France. Oh! alors, il n'y avait plus de scrupules à avoir ; la France avait bien parlé ; elle avait dit sa pensée, son vœu, sa volonté ; il fallait obéir. Et qui ne se souvient que tout ce qui était conservateur et religieux, à bien peu d'exceptions près, tout le clergé donnant l'exemple, puisant ses garanties dans les actes si religieux du Prince-Président, se mit à la tête des populations et fit l'Empire du suffrage universel!

Il n'y a que la force des armes qui puisse, dans des jours si critiques, tirer une nation des dangers qui la menacent, et encore reste-t-il des vainqueurs et des vaincus, ou bien le *suffrage universel*. Si c'est un principe pour un gouvernement que la *volonté nationale*, exprimée pour sauver la patrie engagée dans des voies qui vont lui devenir fatales, le suffrage universel ne peut pas et ne doit pas être accepté comme un moyen de révolution, dans telles formes ou dans telles conditions qu'il soit mis en pratique.

L'école révolutionnaire qui préconise le *droit nouveau*, voudrait qu'il en fût autrement. Elle n'admet pas que l'Empire, issu du suffrage universel, puisse faire partie de la famille des souverains de l'Europe. Elle prêche l'antagonisme des deux principes. Les rois de tradition devront passer par l'épreuve du suffrage universel et se faire consacrer par leurs peuples, de telle sorte que la même origine les mette au même niveau. Napoléon III doit, à leur avis, tendre à obtenir cet heureux résultat.

Je ne pense pas que l'Empereur partage de pareilles aberrations qui sont la négation de l'hérédité constitutionnelle ; aberrations qui tendent à ébranler tous les trônes.

L'Empereur se croirait-il des droits, s'il était nommé par un suffrage universel pareil à celui qui se pratique en Italie ? Quand la terreur ou l'entraînement, si faciles à produire chez le peuple généralement le plus mobile et le plus impressionnable de l'Europe, amènent les résultats que nous savons, les esprits sérieux peuvent-ils y croire.

Mais les paysans en armes que fait fusiller le général Cialdini, car, pour lui, le paysan n'est pas un citoyen qui ait le droit de s'opposer à l'envahissement de sa patrie, ne sont-ils pas un énergique démenti ?

Ces troupes fidèles qui défendent encore aujourd'hui le roi à Gaëte, ne donnent-elles pas un démenti? les excès que les journaux révolutionnaires eux-mêmes ne cachent qu'à moitié, ne sont-ils pas un démenti? et enfin, depuis quand peut-on admettre qu'un Roi sur son trône, à la tête de son armée, puisse être balloté dans l'urne avec un autre roi? Le Roi de Piémont nous donne ce triste exemple; il vient à la tête de grandes bandes d'aventuriers étrangers et d'une armée envahissante conseillée par les traîtres de tous les rangs, qui, après avoir maintenu un jeune souverain dans des voies fatales, après s'être gorgés de ses faveurs, osent demander encore à la révolution couronnée le prix de leurs nouvelles turpitudes ?

Non, non, le suffrage universel en France n'a pas été déshonoré par tant de hontes ; il n'est pas un moyen au service des révolutions et des ambitions royales, il a été pour nous un moyen de nous sauver quand tout en France semblait devoir être perdu.

Et c'est parce que l'empereur Napoléon III est sorti du suffrage universel, honnête, loyal, dans des conditions de salut pour la France, qu'il ne peut pas lier sa cause à celle du roi Victor-Emmanuel et que la France ne doit pas, pour son honneur, permettre une assimilation qui est pour elle le plus sanglant outrage. Si une semblable assimilation était acceptée, ce serait à se couvrir la face de honte et de désespoir. Mais, non, il n'en sera pas ainsi, et le *prétendu droit nouveau* ira s'éteindre là où, pour l'honneur de l'Italie, il n'aurait jamais dû être proclamé.

§ VI.

J'ai dit dans le cours de ce travail quels sont les intérêts patriotiques de la France dans la question Italienne. J'ai dit avec une profonde conviction la douleur que les gens de bien éprouvent en présence de ce qui se passe ? Mais je n'ai pas tout dit encore.

Interrogez notre brave armée et demandez à nos vaillants soldats qui commandaient ou qui obéissaient dans cette mémorable campagne, demandez-leur les sentiments qu'ils éprouvent en voyant l'honneur militaire outragé par les trahisons accueillies et récompensées, provoquées et honorées, avili par des actes que les lois les moins ignorées du soldat reprouvent et condamnent.

Demandez aux blessés de Montebello, de Turbigo, de Magenta, de Solferino, si lorsqu'ils invoquaient avant le combat, le dieu des batailles, pour qu'il accordât la victoire à nos armes, le dieu de miséricorde après leur mutilation sur le champ de bataille, demandez-leur s'ils pensaient que leurs alliés, ceux pour l'indépendance desquels ils combattaient et souffraient, deviendraient les persécuteurs du chef de la religion catholique, qui est notre religion.

Interrogez les morts et les vivants; tous vous répondront : Nous sommes morts pour la patrie en invoquant le dieu de nos pères, nous vivons en remerciant le dieu de Charlemagne et de saint Louis de nous avoir protégés pour servir encore la France.

Notre armée, victorieuse en Chine, vous répondra qu'elle venge les martyrs de la foi catholique et la France outragée.

Notre armée de Syrie, qu'elle a la mission glorieuse de punir les ennemis de la Croix qui ont versé à flots le sang des chrétiens. — Honneur insigne qui relie notre temps à l'époque héroïque des croisades.

Interrogez notre marine? demandez aux amiraux, à tous nos marins, ce qui nous donne une prépondérance marquée sur tant de côtes inhospitalières; ils répondront tous: *le catholicisme;*

Et tous vous diront :

Le jour où la France ne sera plus à la tête des nations catholiques, le jour où elle aura permis de compromettre son grand nom avec celui des persécuteurs de Rome catholique, ce jour-là la marine française aura perdu son prestige dans les quatre parties du monde, elle n'aura plus que celui de la force, et celui-là ne suffit pas, l'ANGLETERRE LE SAIT BIEN.

Si les mâles courages de ces vaillants soldats de la mer pouvaient être consultés, il n'en est pas un qui répondît autrement. A leur honneur, ils disent très-haut ce que je traduis dans un trop faible langage.

Interrogez les révolutionnaires dont les aspirations sont peu définies, interrogez ceux qui rêvent des gouvernements impossibles : ils vous répondront tous : *Il se passe des faits dont nous nous indignons comme vous, et c'est avec bonheur que nous voyons un roi s'en rendre coupable. Rien ne peut mieux avancer nos affaires; c'est le secret de l'appui que nous lui donnons.*

Interrogez les hommes les plus dévoués à l'Empereur aussi bien que les hommes éclairés des partis opposés, interrogez les tièdes et les timides: partout les mêmes appréhensions, les mêmes inquiétudes, les mêmes désespoirs : *Où allons-nous donc? quelle est la politique suivie ? ce qui se passe n'a pas de nom. Ce qui se supporte n'a pas d'excuses, la France avait l'initiative des grandes questions, —elle avait ce droit en Italie plus que partout ailleurs. On l'entraîne. Suit-elle? Consent-elle? Est-ce bien là son rôle, de laisser suspecter ses intentions et sa politique ?*

Les hommes qui servent l'Empire ne peuvent que partager les inquiétudes des gens de bien. Seulement, ils ajoutent : *Ne redoutez pas l'avenir. Il y a des limites à tout, et l'Empereur ne se montrera pas infidèle à son passé; les difficultés sont grandes, sa patience s'exerce et se recueille, sa décision, quand viendra le jour, le moment, sera digne de lui, digne de la France. — Espérons, attendons. Attendons encore!* Mais les événements marchent vite; ils nous entraînent quand nous devrions les dominer. Je ne le cache pas, c'est attendre trop longtemps.

Si je pouvais proposer une solution, si j'étais assez heureusement inspiré pour en trouver une à d'aussi grandes difficultés, plus je serais sûr de l'infaillibilité de mon jugement, plus je me garderais de la publier. — Il y a des satisfactions de vanité qui peuvent être nuisibles aux causes que l'on défend, et je n'ai certes pas la prétention de guider le gouvernement de l'Empereur. J'ai dit des vérités, j'ai fait mon devoir.

Je me borne à ces quelques mots: la France catholique, monarchique, la France pour qui l'histoire a ses grands enseignements, n'est pas faite pour croire plus longtemps qu'elle est impuissante à se faire écouter par ceux qui lui doivent tout, qui ne seraient rien sans elle. Elle ne peut abandonner le chef de la foi catholique, — elle ne peut pas laisser constituer à côté d'elle un gouvernement qui serait pour elle une menace incessante et un danger certain; — elle ne peut être plus longtemps compromise à ses propres yeux et devant le monde entier, en permettant tout, non à un roi conquérant, *mais à un roi* dont vous connaissez les actes et que le gouvernement français lui-même a stygmatisé officiellement comme violateur du droit des gens.

5 novembre 1860.

APPENDICE

« Château de Clisson, par Bressuire (Deux-Sèvres), le 7 novembre 1859. .

« Monsieur le Rédacteur,

« Je lis dans le numéro de l'*Opinion Nationale* de ce matin, 7 novembre, un article qui renferme ces deux phrases : « On « parle de petites réunions dans la Vendée ; le parti légitimiste « chercherait, dit-on, à profiter de l'agitation religieuse. » — « *L'Union de l'Ouest* a reçu un avertissement qui contribue, on « nous l'écrit du moins, à surexciter les passions ultramontaines « des Vendéens et des Bretons. »

« Je crois, comme Vendéen et comme ancien représentant de la Bretagne pendant bien des années, avoir quelques droits à ce que ma parole mérite confiance dans les circonstances actuelles, que j'apprécie sur les lieux avec un intérêt tout particulier.

« Voilà la vérité. Quelques personnages voudraient, non, je pense, dans un but politique, car ils seraient bien maladroits, et de pareilles affirmations ne peuvent être données à la légère, mais dans un excès de zèle religieux, intéresser outre mesure l'opinion publique si catholique de nos contrés, à l'agitation morale qu'ils cherchent à exciter; mais ils perdent complétement leur temps, et les gens sensés qui forment la très-grande majorité, ne comprennent pas que l'on accuse le gouvernement de l'Empereur de malveillance envers le Saint-Siége, après tant de preuves accumulées et éclatantes d'intentions et d'actes contraires ; j'ajouterai même que l'on ne comprend rien à la confusion que l'on voudrait établir dans les consciences, en solidarisant le dogme sacré de notre religion et le pouvoir temporel du Saint-Père sur une fraction de ses États; car nul de nous n'ignore que, si saint Pierre a légué à ses successeurs le dépôt de la

Foi, il ne leur a pas légué les Légations comme patrimoine.

« Nous sommes tous, en Vendée et en Bretagne, convaincus de la nécessité absolue de conserver la puissance temporelle du Pape, comme garantie de l'indépendance de l'Église, mais, en général, nous ne croyons pas que l'on puisse créer à la France catholique l'obligation d'occuper indéfiniment TOUS LES ETATS ROMAINS, pour les conserver au Saint-Siége, ni que le gouvernement de France soit tenu de permettre aux Autrichiens de nous remplacer dans cette mission.

« Je vois même, dans une partie du clergé, après une certaine émotion passagère, une grande confiance dans la politique du gouvernement de l'Empereur, et, dans les populations, le même sentiment, que l'ouverture d'un Congrès européen ne fait que rendre plus complet.

« Ne craignez pas, Monsieur, quels que soient les bourdonnements qui arrivent jusqu'à vous, et que nous-mêmes nous entendons parfois, que la Vendée et la Bretagne s'agitent pour l'avenir des Légations romaines.

« Quant à l'ultramontanisme dont vous nous accusez, il est loin d'être l'opinion de nos contrées si religieuses. Ne confondez pas le catholicisme, pour lequel nous avons tant souffert à la fin du siècle dernier, avec les idées nouvelles qui jettent le trouble dans tant de consciences. Certains hommes vont jusqu'à trouver que tout, à Rome, même dans les choses temporelles, présente les types les plus parfaits: ils iraient même jusqu'à nous imposer son gouvernement, s'ils le pouvaient, et en politique nous en recevrions des ordres!

« Croyez-le bien, Monsieur, légitimistes ou impérialistes, nous pouvons différer d'appréciations politiques; mais si, pour le dogme, nous ne reconnaissons que l'Église dont notre saint Père le Pape est le chef, nous ne reconnaissons dans le temporel, que le gouvernement de notre pays, qu'il ait ou non nos sympathies. Je vous affirme que, malgré tout ce que des passions, que je connais trop, pourraient faire, dire ou écrire, je suis l'écho très-véridique de ce que pensent la Vendée et la Bretagne.

« Recevez, Monsieur, l'expression de mes sentiments les plus distingués.

« MARQUIS DE LA ROCHEJAQUELEIN. »

DISCOURS AU CONSEIL GÉNÉRAL DES DEUX-SÈVRES.

(Août 1860.)

« Messieurs,

« Depuis notre dernière session, de grands faits se sont accomplis. La Savoie et le comté de Nice ont été réunis à la France. Un traité de commerce sur les bases les plus larges, mais cependant protecteur, a été conclu entre la France et l'Angleterre. Nos frontières se trouvent donc assurées sur une grande étendue de territoire, et le système des prohibitions a fait son temps. Assurément, si l'on ne peut contester l'avantage de la réunion de la Savoie et de Nice, il est permis d'être plus réservé en ce qui touche le traité de commerce. C'est une épreuve nouvelle à faire. Entre l'enthousiasme et les craintes qui se manifestent, peut-être est-il prudent d'attendre que l'expérience ait prononcé. Cependant, il est un fait certain, c'est que les apaisements sont de jour en jour plus sensibles, et que telles industries qui se plaignaient très-haut des conséquences fatales qu'elles prévoyaient, sont pleinement rassurées aujourd'hui. Il est digne de remarque, et nous devons en être fiers, qu'à un découragement passager, chez un grand nombre, a succédé une énergie manifeste de l'esprit d'émulation. *Nous ferons mieux*, est le cris de salut de ceux qui faiblissaient. Espérons qu'un avenir prochain nous prouvera la sagesse des résolutions prises par le gouvernement de l'Empereur.

« Il est regrettable que les événements extérieurs viennent jeter de l'inquiétude à travers la transformation économique qui s'opère en France. Lorsque l'Empereur mit fin à la guerre si glorieuse d'Italie par la paix de Villafranca, nous applaudissions à sa modération, nous espérions que la confédération italienne satisferait de légitimes et patriotiques aspirations, et serait le terme des luttes que nous avions protégées de nos armes. Il n'en a pas été ainsi, et tout est remis en question.

« Dieu veuille pour l'Italie que la chimérique unité qu'on lui fait entrevoir, ne donne pas trop promptement la preuve qu'avec de bonnes intentions, ceux qui veulent l'*unité* compromettent l'Italie, la paix de l'Europe, et que les aspirations des partisans convaincus de la confédération italienne sont aussi patriotiques et plus sages.

« Quand il s'agissait des duchés, nous comprenions la résistance des populations à l'influence de l'Autriche sur leurs gouvernements, nous comprenions même que les Romagnes, par leur position géographique, étaient placées dans une situation toute exceptionnelle. L'occupation presque incessante de ces provinces par l'armée autrichienne pendant les quarante dernières années, permettait à peine de savoir à quels souverains elles appartenaient.

« Si, comme catholiques, nous regrettions sincèrement de voir porter atteinte au domaine temporel du Saint-Siége. nous étions forcés de convenir que la politique pouvait exiger un sacrifice, ne fût-ce que pour assurer d'une manière certaine les possessions considérables qui restaient encore au Souverain-Pontife.

« Malheureusement, les événements ont marché dans un sens contraire aux intérêts bien entendus de l'Italie, de la France et de l'Europe. Il est impossible, il serait injuste et absurde de défendre la politique des gouvernements qui sont aujourd'hui ou attaqués ou menacés. Le mot fatal : *Il est trop tard !* ne portera donc jamais ses enseignements. Aussi la pensée publique, bien qu'elle soit alarmée des événements qui ont leur cours, déplore-t-elle l'aveuglement de ceux qui n'ont su ni les prévenir ni les réprimer.

« Et comment en serait-il autrement, quand nous voyons se créer en dehors des gouvernements existants, une nouvelle puissance qui se nomme elle-même *la révolution*, qui se recrute dans toutes les parties du monde, qui, en vertu de la *non-intervention*, reçoit des vaisseaux chargés d'armes et de canons, des légions organisées et armées ; une puissance qui a ses ministres, ses ambassadeurs, ses flottes et ses armées, puissance qu'aucun gouvernement ne reconnaît et à laquelle tout semble permis.

« Des manifestations officielles nous annoncent la chute de Rome catholique ; l'attaque de la Vénétie, puis après de la Hongrie? elle ne dit pas son dernier mot ; elle ne le prévoit pas elle-même.

« Nous ne pouvons nous défendre, il faut bien en convenir, d'un certain enthousiasme pour des faits qui se se passent sous nos yeux et qui rappellent de vieilles légendes, tant ils sont extraordinaires ; mais, en examinant avec le sens politique qui doit nous guider, leurs conséquences possibles, nos réflexions doivent dominer nos entraînements.

« Et pendant que les cœurs catholiques, que les intelligences politiques s'alarment des actes incompréhensibles dont nous sommes témoins, et des projets qui s'avouent si hautement, notre armée occupe Rome et, au moment où je parle, de nouveaux bataillons vont rejoindre ceux dont la noble mission est de défendre le chef du catholicisme et la ville sainte. Une armée s'organise pour défendre les États romains, la France approuve et vient en aide à ses efforts.

« Telle est la situation, et l'on voudrait que l'inquiétude, dont toute le monde convient, n'existât pas? Ah ! Messieurs, par ce rapide exposé des faits qui se passent aujourd'hui et que l'on comprend si peu, vous devez voir que la politique joue un bien grand rôle dans les événements ; elle sait attendre, elle laisse faire, elle se prépare, elle juge, elle combine, elle prévoit, enfin elle agit. Et c'est surtout parce que la grande habileté de la politique est de *prévoir*, que nous devons avoir confiance dans les résolutions de l'Empereur.

Non, personne de nous ne peut croire que ces perturbations si extraordinaires du droit des gens, ces combinaisons révolutionnaires qui n'ont point d'arrêt et menacent de la guerre universelle, soient plus fortes que les gouvernements si puissants parmi lesquels le nôtre tient une si grande place. Nos légitimes inquiétudes seront bientôt calmées, je n'en doute pas. Nos appréhensions catholiques et politiques seront rassurées. Déjà l'Empereur n'a-t-il pas dit à Lyon : « *La France donne à* « *l'Europe l'impulsion de toutes les idées grandes et géné-* « *reuses ; elle ne subit l'influence des mauvaises que quand elle* « *dégénère.* » La France n'a pas dégénéré, elle le prouvera en toutes occasions. Nous devons donc ne pas nous inquiéter outre mesure des événements qui nous étonnent, leur solution ne sera pas abandonnée au hasard des révolutions.

« Nous avons pour nous rassurer sur l'avenir l'énergie du gouvernement qui envoie nos armées et nos flottes jusqu'en Chine pour venger une injure, et qui va porter le poids de son épée en Orient, pour arrêter les crimes horribles dont vient de se souiller le fanatisme musulman.

« Le Christianisme est partout défendu, protégé et vengé par la France, le catholicisme ne sera pas abandonné par la France catholique ; les intérêts de la France, les idées grandes et généreuses ne seront pas abandonnées par l'Empereur. »

A MONSEIGNEUR L'ÉVÊQUE DE POITIERS.

« Monseigneur,

« Je viens de lire l'admirable discours que vous avez prononcé dans votre église cathédrale, le 11 de ce mois. Jamais paroles plus éloquentes, plus nobles, plus vraies, plus françaises, ne sont descendues de la chaire de vérité. Permettez-moi de vous en féliciter et de vous en remercier.

« Je tiens à cœur de vous écrire aujourd'hui même, voici pourquoi : l'année dernière, le 7 novembre 1859, j'adressai, en réponse à un article du journal l'*Opinion nationale*, une lettre qui, trop rapidement écrite, donna lieu à différentes interprétations. Je conviens cependant que, spécialement préoccupé de ce que je croyais être de l'intérêt de la France en Italie, du danger de l'influence politique de l'Autriche sur la politique romaine, en raison de la contiguïté des Romagnes et de la Vénétie, j'appréciai mal les conséquences de l'atteinte portée aux possessions du Saint-Siége par l'annexion des Romagnes ; je ne prévoyais assurément pas ce qui se passe aujourd'hui en Italie ; je ne le croyais pas possible. Depuis trois mois surtout, en présence du manque de foi, de vérité, du mépris du droit des gens, de ce que l'on ose nommer le *droit nouveau ;* en présence des doctrines subversives et des faits dont l'énormité effraie ou indigne tous les gens de bien, je tiens à honneur de dire publiquement *par vous*, Monseigneur, qui ne m'avez jamais parlé de cette lettre, que si je me suis trompé, je désavoue hautement toute approbation des faits qui se passent, toute participation aux doctrines politiques ou religieuses qui tendent à constituer ce prétendu *droit nouveau*, qui serait le renversement de toutes les sociétés civilisées. Singulière manière de régénérer l'Italie, de porter de pareils remèdes au mal que chacun déplorait, mais qui est bien dépassé par ses prétendus libérateurs !

« Je lisais encore ces jours-ci *Le Prince*, par Machiavel. Je le vois sur un trône pour lequel nos vœux, le sang et la fortune de la France ont été prodigués. Etait-ce donc pour une pareille politique ?

« Quelques généreux et vaillants Français, uniquement occupés de donner un gage à leur foi religieuse, en se mettant au service du Pape persécuté, peuvent-ils être insultés, même par un roi qui doit tant à la France, sans que nous ressentions cette cruelle offense envers de glorieux vaincus attaqués par les troupes de ce roi, à l'improviste, sans déclaration de guerre, et combattant en réalité un contre trente ? L'insulte royale nous les a rendus plus chers encore.

« M. de Cavour, en annonçant que bientôt la ville de Rome sera la capitale du Roi d'Italie, dit, et ce sont ses propres paroles : « Le Pontife auguste qui est à la tête de notre religion « pourra exercer d'une manière bien plus libre et beaucoup « plus indépendante son sublime ministère sous la garde de l'a- « mour et du respect de vingt-cinq millions d'Italiens que sous « la protection de vingt-cinq mille baïonnettes. » — N'est-ce pas ajouter l'ironie et le sarcasme envers le Saint-Siége, à l'ingratitude envers la France, dont les régiments remplissent à Rome une glorieuse mission?

« Dieu garde le Saint-Siége de l'amour et du respect que lui promet M. de Cavour!

« Peut-on hésiter à croire que nous avons raison, nous catholiques, de vouloir l'indépendance temporelle du Pape? Si, par malheur, mais il n'y consentirait jamais, le Souverain-Pontife devenait sujet du roi Victor-Emmanuel, roi d'Italie, ou bien même de tel souverain de toute autre puissance que ce soit, que deviendraient aux yeux du monde entier son caractère universel et le prestige radieux de son indépendance morale?

« Mazzini, Garibaldi, M. le comte de Cavour, le roi Victor-Emmanuel n'ont pas *tous* dit leur dernier mot. Ils auront, un jour prochain, à compter entre eux. Que deviendront enfin les armées révolutionnaires, cosmopolites qui, avec Garibaldi, se seront servi du nom d'un roi pour réussir? Que fera pour elle ce roi qui s'en sera servi? Il faudra bien aussi compter avec elles; il y aura des SACRIFIÉS; quels seront-ils?

« Tant que la France croira son honneur engagé à défendre l'auguste chef de sa foi dans la capitale du catholicisme, pense-t-on que tant de grandes capitales en Italie voudront se reconnaître vassales de Turin? Devrons-nous nous hâter de livrer, dans les six mois fixés par M. de Cavour, la ville de Rome et le Saint-Père à l'amour et au respect du roi Victor-Emmanuel et de son général Garibaldi? Que de questions insolubles surgissent de cette question d'Italie depuis Villafranca!

« L'Angleterre protestante a certainement aussi ses desseins; mais, au moins, on lui doit cette justice, qu'elle agirait énergiquement si le chef de ses croyances religieuses était à Rome.

« Ne croyez pas, Monseigneur, que la France, surprise par

tant d'*audaces*, continuera à ne pas agir plus efficacement. Elle a sans doute tardé trop longtemps ; mais les intérêts de sa dignité, de son honneur, de son avenir national, sont trop liés aux intérêts de sa foi catholique, aux traditions de toute son histoire, pour qu'elle confonde plus longtemps l'indépendance de l'Italie, pour laquelle elle a fait tant de vœux et tant de sacrifices, avec les attentats révolutionnaires et ambitieux qui révoltent les cœurs honnêtes de toutes les opinions politiques, de toutes les croyances religieuses.

Dans cette malheureuse question d'Italie, la politique et la religion sont également intéressées.

Seuls, les hommes que la passion politique ou la haine du catholicisme aveuglent, se laissent entraîner à ne pas comprendre les dangers de toute nature qui seraient le résultat infaillible des projets dont l'Europe aujourd'hui vient d'avoir la confidence. Bientôt l'unité de l'Italie, si elle était possible, serait pour la France un plus grand embarras que l'Angleterre elle-même ; bientôt, ne le dit-elle pas déjà ? ses exigences seraient à la hauteur de ses illusions ambitieuses, et notre voix ne serait même plus écoutée par les vingt-cinq millions d'Italiens. M. de Cavour le promet aux ennemis de la France.

« En vous priant, Monseigneur, de vouloir bien faire publier cette lettre, je crois vous rendre un respectueux hommage. Je tiens à ne laisser à personne de doutes sur les sentiments que je ne cesse d'exprimer très-haut, depuis qu'il n'y a plus d'illusion à se faire sur le compte du gouvernement dont la conduite est une menace et une insulte perpétuelles pour la France, à laquelle il oublie trop tôt qu'il doit tout.

« J'ai l'honneur d'être, Monseigneur, votre très-humble et très-dévoué serviteur.

« Marquis de La Rochejaquelein.

« Château de Clisson, par Bressuire (Deux-Sèvres), le 16 octobre 1860. »

Paris, imp. de L. Tinterlin, r. Nve-des-Bons-Enfants.

www.ingramcontent.com/pod-product-compliance
Ingram Content Group UK Ltd.
Pitfield, Milton Keynes, MK11 3LW, UK
UKHW032007260826
14628UKWH00005B/2325

9 782013 448055